Arllete Montenegro

Fé, Amor e Emoção

Arllete Montenegro

Fé, Amor e Emoção

Alfredo Sternheim

imprensaoficial

São Paulo, 2008

GOVERNO DO ESTADO DE SÃO PAULO
TRABALHANDO POR VOCÊ

Governador José Serra

imprensaoficial Imprensa Oficial do Estado de São Paulo

Diretor-presidente Hubert Alquéres

Coleção Aplauso

Coordenador Geral Rubens Ewald Filho

Apresentação

Segundo o catalão Gaudí, *não se deve erguer monumentos aos artistas porque eles já o fizeram com suas obras.* De fato, muitos artistas são imortalizados e reverenciados diariamente por meio de suas obras eternas.

Mas como reconhecer o trabalho de artistas geniais de outrora, que para exercer seu ofício muniram-se simplesmente de suas próprias emoções, de seu próprio corpo? Como manter vivo o nome daqueles que se dedicaram à mais volátil das artes, escrevendo, dirigindo e interpretando obras-primas, que têm a efêmera duração de um ato?

Mesmo artistas da TV pós-videoteipe seguem esquecidos, quando os registros de seu trabalho ou se perderam ou são muitas vezes inacessíveis ao grande público.

A *Coleção Aplauso*, de iniciativa da Imprensa Oficial, pretende resgatar um pouco da memória de figuras do Teatro, TV e Cinema que tiveram participação na história recente do País, tanto dentro quanto fora de cena.

Ao contar suas histórias pessoais, esses artistas dão-nos a conhecer o meio em que vivia toda uma classe que representa a consciência crítica da sociedade. Suas histórias tratam do contexto social no qual estavam inseridos e seu inevitável reflexo na arte. Falam do seu engajamento político em épocas adversas à livre expressão e as conseqüências disso em suas próprias vidas e no destino da nação.

Paralelamente, as histórias de seus familiares se entrelaçam, quase que invariavelmente, à saga dos milhares de imigrantes do começo do século passado no Brasil, vindos das mais variadas origens. Enfim, o mosaico formado pelos depoimentos compõe um quadro que reflete a identidade e a imagem nacional, bem como o processo político e cultural pelo qual passou o país nas últimas décadas.

Ao perpetuar a voz daqueles que já foram a própria voz da sociedade, a *Coleção Aplauso* cumpre um dever de gratidão a esses grandes símbolos da cultura nacional. Publicar suas histórias e personagens, trazendo-os de volta à cena, também cumpre função social, pois garante a preservação de parte de uma memória artística genuinamente brasileira, e constitui mais que justa homenagem àqueles que merecem ser aplaudidos de pé.

José Serra
Governador do Estado de São Paulo

Coleção Aplauso

O que lembro, tenho.
Guimarães Rosa

A *Coleção Aplauso*, concebida pela Imprensa Oficial, visa a resgatar a memória da cultura nacional, biografando atores, atrizes e diretores que compõem a cena brasileira nas áreas de cinema, teatro e televisão. Foram selecionados escritores com largo currículo em jornalismo cultural para esse trabalho em que a história cênica e audiovisual brasileira vem sendo reconstituída de maneira singular. Em entrevistas e encontros sucessivos estreita-se o contato entre biógrafos e biografados. Arquivos de documentos e imagens são pesquisados, e o universo que se reconstitui a partir do cotidiano e do fazer dessas personalidades permite reconstruir sua trajetória.

A decisão sobre o depoimento de cada um na primeira pessoa mantém o aspecto de tradição oral dos relatos, tornando o texto coloquial, como se o biografado falasse diretamente ao leitor.

Um aspecto importante da *Coleção* é que os resultados obtidos ultrapassam simples registros biográficos, revelando ao leitor facetas que também caracterizam o artista e seu ofício. Biógrafo e biografado se colocaram em reflexões que se estenderam sobre a formação intelectual e ideológica do artista, contextualizada na história brasileira, no tempo e espaço da narrativa de cada biografado.

São inúmeros os artistas a apontar o importante papel que tiveram os livros e a leitura em sua vida, deixando transparecer a firmeza do pensamento crítico ou denunciando preconceitos seculares que atrasaram e continuam atrasando nosso país. Muitos mostraram a importância para a sua formação terem atuado tanto no teatro quanto no cinema e na televisão, adquirindo, linguagens diferenciadas – analisando-as com suas particularidades.

Muitos títulos extrapolam os simples relatos biográficos, explorando – quando o artista permite – seu universo íntimo e psicológico, revelando sua autodeterminação e quase nunca a casualidade por ter se tornado artista – como se carregasse desde sempre, seus princípios, sua vocação, a complexidade dos personagens que abrigou ao longo de sua carreira.

São livros que, além de atrair o grande público, interessarão igualmente a nossos estudantes, pois na *Coleção Aplauso* foi discutido o processo de criação que concerne ao teatro, ao cinema e à televisão. Desenvolveram-se temas como a construção dos personagens interpretados, a análise, a história, a importância e a atualidade de alguns dos personagens vividos pelos biografados. Foram examinados o relacionamento dos artistas com seus pares e diretores, os processos e as possibilidades de correção de erros no exercício do teatro e do cinema, a diferença entre esses veículos e a expressão de suas linguagens.

Gostaria de ressaltar o projeto gráfico da *Coleção* e a opção por seu formato de bolso, a facilidade para ler esses livros em qualquer parte, a clareza de suas fontes, a iconografia farta e o registro cronológico de cada biografado.

Se algum fator específico conduziu ao sucesso da *Coleção Aplauso* – e merece ser destacado –, é o interesse do leitor brasileiro em conhecer o percurso cultural de seu país.

À Imprensa Oficial e sua equipe coube reunir um bom time de jornalistas, organizar com eficácia a pesquisa documental e iconográfica e contar com a disposição e o empenho dos artistas, diretores, dramaturgos e roteiristas. Com a *Coleção* em curso, configurada e com identidade consolidada, constatamos que os sortilégios que envolvem palco, cenas, coxias, *sets* de filmagem, textos, imagens e palavras conjugados, e todos esses seres especiais – que nesse universo transitam, transmutam e vivem – também nos tomaram e sensibilizaram.

É esse material cultural e de reflexão que pode ser agora compartilhado com os leitores de todo o Brasil.

Hubert Alquéres
Diretor-presidente da
Imprensa Oficial do Estado de São Paulo

Para Arllete Montenegro, pela sua arte e afeto, e Antônio Carlos Contrera, minha razão principal

Alfredo Sternheim

Introdução

Houve um tempo em que a maior diversão do povo, a fonte das emoções de inúmeras pessoas era o rádio. Claro, existia o cinema que exigia todo um ritual para ser freqüentado, um movimento de idas e vindas que tinha o seu *glamour* e que, por cerca de duas horas, com os seus recursos visuais preenchia o imaginário das pessoas. Mas com um simples toque de mão e apenas por meio do som, o rádio fazia isso, transmitia a vida como ela é ou poderia ser. Em diversos horários e com conforto, no aconchego do lar, sentado em sua poltrona ou cozinhando ou durante uma das refeições, e depois nos veículos, os homens e, de preferência, as mulheres podiam ouvir histórias em capítulos, abordando amores impossíveis, conflitos familiares ou tramas rocambolescas de diversos gêneros. Era a radionovela, cuja popularidade foi intensa nas décadas de 40 e 50. Chamada de *soap opera* (ópera de sabão) nos Estados Unidos, já foi presença marcante em alguns filmes. Como *A Era do Rádio*, a bela e sensível evocação dirigida em 1987 por Woody Allen. Ou *A Hora Mágica*, realizado em São Paulo, por Guilherme de Almeida Prado, em 1998. E existe o livro *A Ópera de Sabão*, de Marcos Rey, que ressalta o imenso alcance desse meio no Brasil. A radionovela tinha uma comunicação notável perante à nossa população de diversas classes sociais. Esse alcance ainda está à espera de uma análise mais profunda por parte de nossos intelectuais.

Nesse mundo, surgiu o talento de Arllete Montenegro. Foi por meio de um concurso da extinta, e outrora popular, Rádio São Paulo que ela descobriu o potencial de sua voz. Quando a cidade de São Paulo festejava, em 1954, os seus 400 anos, essa garota de origem humilde e que, como muitas, sonhava em ser estrela de Hollywood, tornava-se de fato uma estrela e logo ganhou o título de *Heroína do 4º Centenário*. No início, ela fazia sucesso apenas diante do microfone, sem se mostrar ao público. Não demorou muito para ficar claro que a sua arte não dependia apenas da emissão de sua voz. Foi quando passou a atuar na televisão, que tinha começado a funcionar no Brasil exatamente naquela década, de 1950. E que, paradoxalmente, pouco a pouco tornou-se o meio de comunicação que substituiu a radionovela nos lares brasileiros.

O curioso é que Arllete vinha de um passado similar aos dos folhetins que interpretava nos dois veículos. Filha de mãe solteira e cega, crescendo em um meio de poucos recursos, na infância e na adolescência enfrentou conflitos e preconceitos que poderiam ter comprometido o seu futuro.

E mesmo depois que, com o seu trabalho e profissionalismo, já era uma atriz consagrada no rádio, na TV e também no teatro, as adversidades não deixaram de surgir. A mais marcante foi a viuvez precoce, após a longa enfermidade que atingiu seu marido, Duílio. Além da dor de sua morte, ela teve de enfrentar graves conseqüências econômicas que poderiam comprometer a criação e educação do filho Fábio.

Nada mais natural ao leitor crer que, com tantos momentos de perdas e danos, Arllete tenha se tornado uma mulher amarga. Ledo engano. É verdade, conforme ela mesmo reconhece, que durante muitos e muitos anos de sua juventude tenha *carregado sofrimentos* em conseqüência não só das atribulações e dos atos repressivos que enfrentou desde a infância em sua vida, mas também por influência dos livros que sempre *devorou*. Embora tenha estudos incompletos, por conta própria adquiriu uma cultura natural que se intensificou a partir do momento em que começou a atuar na TV, quando, entre outras coisas, protagonizou teleteatros adaptados de textos de autores como Shakespeare, Dostoievski, Gorki, André Gide, Tennessee Williams e muitos outros autores densos e consagrados.

Apesar das graves situações vivenciadas, Arllete foi intensificando em si mesma uma impressionante serenidade. Nesses 20 anos de amizade, não me lembro de tê-la visto com raiva, esse sentimento que precisa de pouco impulso para se exteriorizar em boa parte dos seres humanos. Mesmo quando se manifesta sobre uma injustiça sofrida ou recorda a inveja que seu sucesso precoce e sua beleza às vezes despertavam, faz isso com doçura, sem nenhuma palavra ou gesto de ódio. Apenas lamenta. É natural a sua tolerância interior com as falhas dos outros, bem como seu amor ao próximo.

Contudo, essa ausência de ressentimentos não a impede de se criticar nessa retrospectiva de vida e carreira, de apontar equívocos. Em quatro longos encontros diante do gravador e, depois em algumas conversas telefônicas, Arllete não se policiou, não se reprimiu. Mesmo quando a emoção surgia forte. Com franqueza, expôs a sua dramática origem, os problemas advindos da condição de sua mãe, e principalmente enfatizou o altruísmo de muitos que cruzaram o seu caminho, a importância dos amigos. Lembra alguns incidentes divertidos surgidos no seu dia-a-dia de atriz em mais de 50 anos de atividade, principalmente nas gravações de telenovelas como *A Muralha* e *A Viagem,* que marcaram época, e os inúmeros momentos que a encheram de orgulho. Caso daqueles em que viu seu talento reconhecido através de prêmios e da palavra de certos diretores, ou diante de um gesto do filho Fábio Appolinário, hoje um respeitado e inteligente mestre e doutor em psicologia pela Universidade de São Paulo, além de consultor empresarial, professor e autor do livro *Dicionário de Metodologia Científica,* entre outras atividades. Fala ainda da confusão de sentimentos entre os atores, algo freqüente em meio ao ato de expressar emoções íntimas e que, às vezes, gera conflitos pessoais e passionais. Mas essa confusão raramente é encarada e assumida pelos intérpretes, como faz a atriz paulistana.

Nesse processo de resgate da memória da cultura nacional que caracteriza a *Coleção Aplauso*, fico feliz em ser o biógrafo de Arllete Montenegro, uma intérprete determinada e rigorosa que transita e brilha por vários gêneros e meios de comunicação, uma personalidade que é feita (não necessariamente nessa ordem) de fé, amor e emoção.

Alfredo Sternheim

A VIDA

Ao meu filho Fábio, com certeza a minha melhor criação, e aos meus cúmplices nesta vida. Amor e luz.

Arllete Montenegro

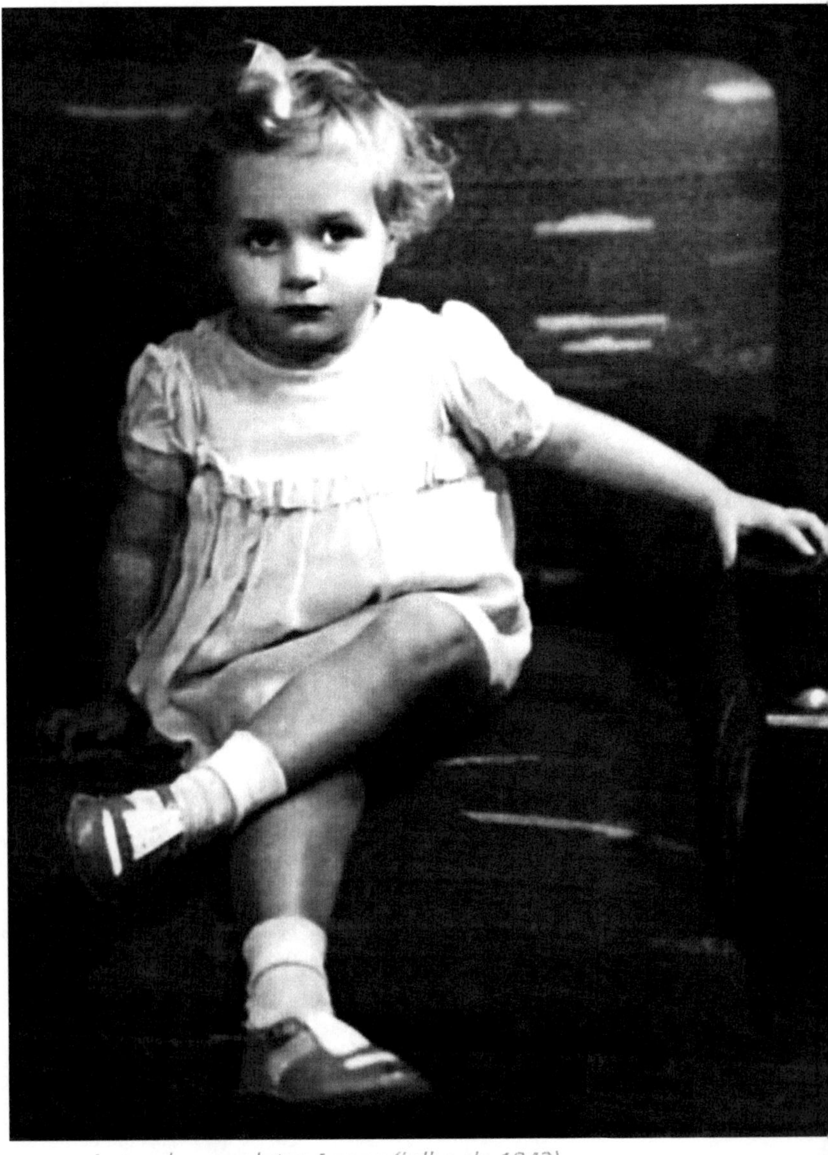

Antes de completar 4 anos (julho de 1942)

Capítulo I

Os Anjos da Casa Verde

Nasci em São Paulo, precisamente no Hospital São Paulo, segundo minha mãe, aos 15 de outubro de 1938. Nasci quando o mundo estava em plena guerra. Pelo menos, estava começando. Na época, a minha mãe morava no bairro da Casa Verde, na casa de uns amigos. Dona Luísa Branco, minha mãe, era solteira, mãe solteira, e a sua família passou a não aceitá-la quando soube que estava grávida. Por isso, foi para a casa desses amigos e lá fui criada. A minha mãe era de Santos, assim como toda a sua família. Ela já era cega. Desde criança, a conheci cega. Mas, mesmo assim, trabalhava como empregada. Apesar dessa deficiência visual, sua família não foi capaz de aceitá-la grávida. Em 1938 ser mãe solteira era algo muito difícil de ser tolerado e passou a residir na casa dessa família da Casa Verde. Eram negros. Seres maravilhosos e, segundo eu soube, só não me tornei um monstro porque fui muito amada por essas pessoas... A minha própria mãe me rejeitava. Mas eu não me tornei um monstro porque o amor que eles me deram foi tão grandioso na minha infância... Tinha a Abigail, que a gente chamava de Biga... Era um amor tão puro que eles tinham por mim... Era a bonequinha loira deles. Nessa fase, fui suprida de amor por eles. Toda a rejeição que, naquela idade, eu sentia de uma forma não-consciente, foi atenuada... excluída pelo amor deles.

Não posso deixar de mencionar os anjos encarnados que sempre estiveram comigo. Principalmente a Biga, que me criou com a minha mãe. Mas eu ficava mais com ela. Infelizmente, a mamãe já não enxergava e era a Biga que me levava. Ela gostava de circo e de cinema, e me encaminhou para isso. Tenho saudades, pois a Biga me acompanhou até o fim da vida dela. Mais velha que a minha mãe, foi embora alguns anos antes que a mamãe. A Biga tinha por mim um amor incondicional. Tudo o que eu queria, ela fazia. Absolutamente tudo. Ela e a mãe dela, a Angelina, a minha avó preta. Por quem briguei muitas vezes no colégio, já que as crianças às vezes são muito cruéis. E eu sempre fui a primeira da classe, pois tinha um mundo particular todo meu. Primeiro, porque eu lia muito. Sempre li muito. Como fui muito rejeitada pela família, pelas pessoas, vivia em um mundo só meu, de fantasia. Era a primeira da classe porque estudava muito, as professoras me emprestavam livros. Às vezes, quando eu chegava, ouvia alguém da classe dizer: *Ih, lá vem a alemãzinha, filha da ceguinha, que não tem pai.* Ouvi isso muitas

Entre Biga e a mãe Luisa

vezes. E sofria muito. Tanto que tinha aquele desejo de ter um pai ao meu lado. Às vezes, quando o meu tio Artur e o filho dele, o meu primo Tancredo, saíam na rua comigo, ficava contente porque todo mundo ia pensar que ele era o meu pai. Mas, quando encontrava alguém que perguntava: *São seus filhos? Que lindos!* E ele respondia: *Não, essa não. Esse aqui é meu filho.* Eu ficava triste. Parece cena de novela, mas foi exatamente assim.

Cresci amparada realmente pela Biga e pela minha avó Angelina que lavava e passava roupa para fora, com aquele ferro a carvão. E falava assim, quando me levava para sair: *O que que você quer? A vovó compra pra você.* Ai, ela comprava brinquedo, doce de coco... Tudo que ela podia, gastava comigo. Era impressionante o amor que tinham por mim. Até o fim da vida deles. E havia também o Tida, apelido do Aristides, o outro filho da Angelina. Tida e Biga. Eu brigava na rua com crianças que diziam. *Ih, ela tem avó preta.* E eu respondia: *Ela não é preta, é marrom.* Amo essa pessoas, vou amá-las eternamente. Foram elas que me deram amparo.

Anos depois, quando fiz análise por uns tempos por causa da morte de uma grande amiga minha, a atriz Ivete Bonfá, soube que eu recebi todo o amor que eu precisava dessas pessoas. E que as

Com amigas de infância, ao centro da foto

Na sua primeira comunhão

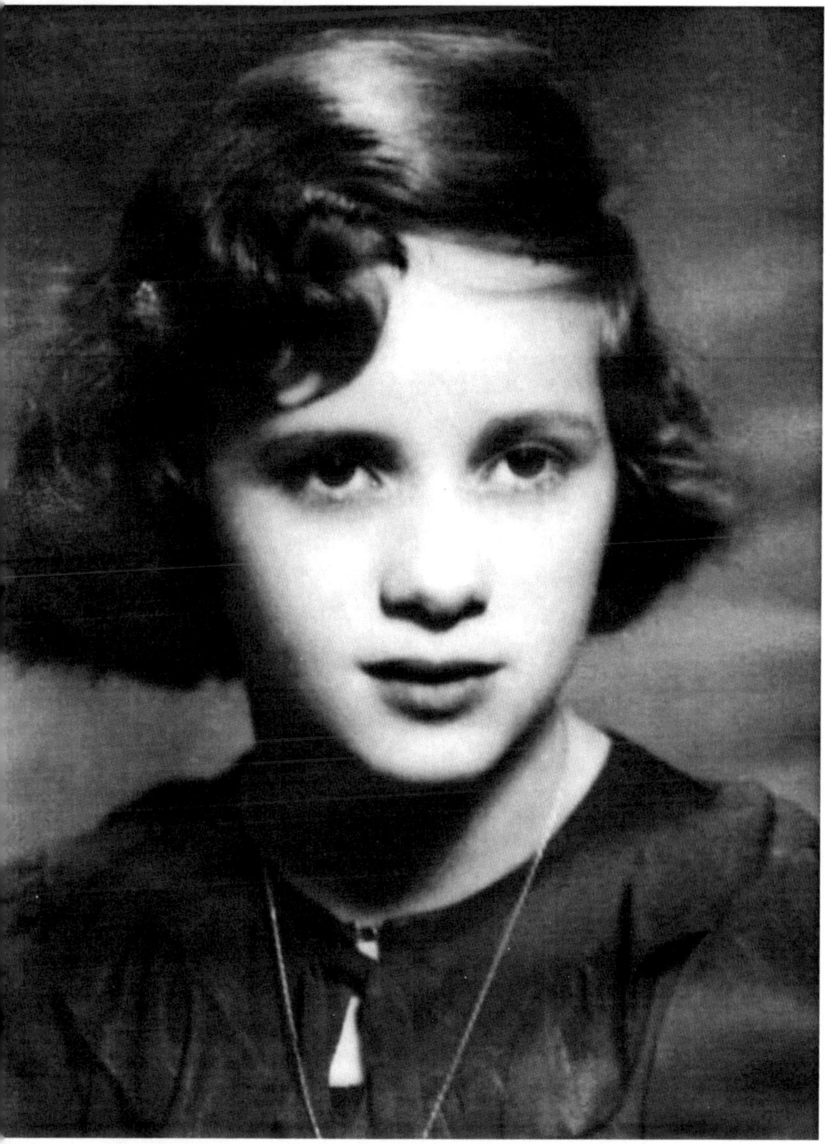

Aos 10 anos

pessoas, quando são crianças, têm de receber amor do primeiro ano de vida ao sétimo, para não se deformar. Se só recebe ódio nessa fase, é muito difícil ser uma pessoa boa depois, ser uma pessoa do bem. Então, graças a Deus, tive esses anjos encarnados comigo.

Tudo isso, toda a minha infância e adolescência foi na Casa Verde. Nós, eu e a minha mãe, só mudamos de lá quando eu já era adulta, estrela da TV Record. Mas nessa fase da Casa Verde eu trabalhava, mamãe trabalhava... Depois de muito tempo ela foi aceita novamente pela família. Na época eu tinha uns... 6 ou 7 anos. Mas foi aceita pra quê? Para ser tratada como empregada doméstica. Tudo bem ... A ignorância naquela época era terrível. Depois que eu cresci, com uns 11 ou 12 anos, como a gente era muito pobre, muito humilde, mamãe achou que eu ia ser costureira, ou datilógrafa. Fui obrigada a fazer todos esses cursos. Até hoje não sei nem datilografar e nem costurar. Cheguei a fazer o meu vestido de formatura na época, mas depois... Fiz questão de esquecer. Não gostava nada dessas coisas.

Sonhar é acordar-se por dentro.

Mário Quintana

Com o diploma do curso primário

No carnaval de 1950

Capítulo II

O Fascínio do Cinema

O meu sonho desde menina, assim que comecei a ir nas matinês de domingo, era fazer cinema em Hollywood. Todo domingo, a Biga me levava ao cinema da Casa Verde. Tinha dois filmes seguidos, tinha seriado. Ficava o dia inteiro lá. Lembro quando vi Pier Angeli, aquela garota que fez *Domani é Troppo Tardi* (*Amanhã Será Tarde Demais*), era um filme italiano, um melodrama. Na semana seguinte, vi um filme americano com ela como trapezista. Pensei: *Gente, ela já foi para Hollywood.* Aí, li numa revista que ela tinha sido descoberta nas ruas pelo Vittorio De Sica. Então, na minha cabeça de adolescente, achei que, se eu ficasse andando pela rua, alguém do cinema ia me ver e dizer: *é aquela menina que eu quero*. Que tonta. Eu andava pela rua fazendo pose, caras e bocas, certa que alguém ia me descobrir. Ninguém me descobriu.

Tendo terminado o primário, já fui trabalhar. Não tinha condições econômicas só para estudar. Trabalhei em uma pequena fábrica de calcinhas no bairro do Bom Retiro. Uma prima que me arrumou o emprego. Foi maravilhosa... Sempre digo uma coisa: a gente tem cúmplices na vida.

Essa moça, a Lílian, que casou com um primo meu, ou seja, nem era diretamente da família, me amparou também, me deu muita força. Foi por causa dela que comecei na rádio. Porque a Lílian se preocupava muito comigo, queria me tirar dessa coisa de ser... espezinhada dentro de casa, de não ter pai. Ela sempre me tratava com carinho, sempre me arrumava coisas para fazer. E foi a Lílian que me arrumou emprego nessa fábrica porque ela e a mãe costumavam levar para casa trabalhos de costura para fazer. Eu trabalhei lá mais ou menos um ano, estava entre os 11 para os 12 anos. Aí a minha madrinha me arrumou trabalho em uma loja, como vendedora de óculos. Fui trabalhar na Rua São Caetano, aliás, até hoje a rua é aquela das casas das noivas.

Já querendo chamar a atenção, aos 16 anos

Capítulo III

Descobrindo o Poder da Voz

Foi nessa ocasião, no dia 1º de maio, dia do Trabalhador, um feriadão, que a Lílian e o Mílton, o marido dela, me levaram para ver o desfile no centro da cidade. Veio também a mãe dela, o filho deles... Assistimos ao desfile, ainda estava acontecendo quando caiu uma chuva intensa. Nós entramos na Rádio Cultura que, na época, ficava na Avenida São João, perto da Duque de Caxias. E estava tendo um programa de calouros que se chamava *Peneira Rodine*. E o apresentador procurou na platéia quatro pessoas para disputarem os prêmios. Eram máquinas fotográficas... Não lembro o resto. Era assim: dois homens e duas mulheres da platéia que se apresentassem para disputar os prêmios. E o meu primo levantou o meu braço. Quase morri de vergonha. O sujeito achou engraçado e me chamou. Nunca vou me esquecer que estava com um vestido de bolinhas azuis que eu mesma tinha feito. Acho que foi o único vestido que eu fiz. Subi ao palco. Era para ler um texto comercial, para fazer locução. Para encurtar a história, ganhei e ouvi do pessoal: *Mas você tem uma voz muito bonita. Tem que fazer rádio.* O homem do programa veio falar comigo. *É uma pena que na rádio Cultura não temos locutoras, só locutores. Porque a sua voz já está pronta, a sua dicção é perfeita.* Verdade. Tanto que, na escola, eu sempre era escolhida para fazer os discursos, para dizer as poesias...

Desde pequena tinha a voz pronta. Mas eu não tinha consciência disso, da minha voz. Mas eu fazia todos os discursos e poesias em festas de colégio. Inclusive, em uma delas levei uma portada na testa. É, quase desmaiei. Havia no palco uma porta que abria ao contrário... Mas nem pensava no... Digamos, poder da minha voz. O meu negócio era cinema, ser estrela de cinema em Hollywood. Só que nesse dia na Rádio Cultura, todos falaram tanto a respeito que o meu primo disse: *Se é assim, você devia tentar. Mas como? E onde?*, perguntei. E eles falaram para ir lá aos domingos. *Veja como trabalhamos. Assim você vai praticando até a gente arrumar alguma coisa.*

Sei que nós fomos durante quatro domingos. Meu primo e minha prima iam comigo. A minha mãe não me deixava ir sozinha. E eu lá no palco, no meio do programa, ia lá junto ao microfone e lia os textos comerciais. Não tinha feito 14 anos. De repente, alguém lá da rádio disse: *Olha, para você não parar de fazer isso, tem um curso agora de locução, de trabalho no rádio. Se você quiser, pode ir lá também*. E fui. Mas não tinha nada que me interessasse. Era um curso que explicava só a parte técnica do rádio, como era o microfone, como acontecia a transmissão. Mas nada do que eu precisasse.

Naquela época, a minha mãe ouvia direto novelas de rádio. Era o dia inteiro, à noite também. Eu, como trabalhava fora, só à noite ouvia de vez em quando. Foi quando ouvi que tinha um programa na Rádio São Paulo que se chamava *Clube da Fã*. Faziam testes com meninas e rapazes para locução e radioteatro. Decidi e fui a esse *Clube da Fã* que era aos domingos. Participei de uns testes feitos na hora. No fim do mês, escolhiam sempre duas pessoas para trabalhar na empresa, na rádio, para pontinhas e papéis menores tipo enfermeira, porteiro, nas radionovelas. E eu fui escolhida, ganhei. Mas eu não pude aceitar porque tinha que ficar à disposição da rádio em três períodos: manhã, tarde e noite. Quando entrasse no ar, aí sim, ganhava alguma coisa, em torno de vinte reais. Aliás, cruzeiros. Acho que eram cruzeiros. Mas eu não podia, precisava do meu salário fixo que ganhava lá na loja. Eu não podia largar o meu emprego para, de repente, ganhar só uns 40 cruzeiros por semana. *Então você nunca vai trabalhar no rádio porque ninguém entra de outra maneira*, me disseram.

Então, não tem jeito, não posso deixar de ganhar o meu salário, respondi. De qualquer maneira, ficaram com o meu telefone. Fiquei chateada, mas... Fazer o quê?

Somos feitos da matéria dos sonhos... Que confirmam nossa efêmera existência.

William Shakespeare

Capítulo IV

Nasce uma Estrela

Naquele ano,1954, acho que em julho... É, um mês antes do Getúlio Vargas morrer... Eles me ligaram para dizer que ia haver um concurso na rádio. O pessoal queria dar uma reviravolta na emissora, queriam uma nova estrela para uma novela. Fizeram o concurso, contrataram um galã que veio do Sul, o Avalone Filho. Mas para o principal papel feminino queriam uma voz nova e criaram o concurso que se chamava *Em Busca de uma Estrela*. Tinha chamadas com o Avalone falando (*imitando*): *Você quer ser a minha estrela?* Aí, fui lá. Acabei ganhando. Tinha muita gente concorrendo. Algumas ficaram conhecidas depois. Caso da Wilma Chandler, aquela atriz linda que morreu em um acidente estúpido, no elevador do prédio onde morava. Tinha uma morena que fez a TV Paulista, a Maxímira Figueiredo, que até hoje é minha amiga.

Quase morri de alegria quando me vi em primeiro lugar. Não acreditava. Entrei na rádio para estrelar uma novela e com um contrato de um ano. Tinha um salário superior ao que ganhava na loja, para trabalhar uma hora por dia. Naquele tempo era ao vivo, às sete da noite. Chegava perto das seis e meia, fazia um ensaio, depois fazia a novela e ia embora. A novela se chamava *Silêncio*, escrita pelo Waldir de Oliveira.

O seu Oswaldo Barone, diretor artístico da rádio, chegou pra mim e disse: *Menina, você está pronta. A tua voz é perfeita, só precisa de prática. Então, você vai fazer o seguinte: vai vir aqui todas as tardes, ficar sentada e ver o trabalho de seus colegas. É a melhor escola que existe, pois aí você vai ver qual é o processo de trabalho e vai melhorando.* Daí em diante, todas as tardes, eu ia para a emissora. A minha mãe mandava um primo menor me acompanhar, o Tancredo, que já morreu. Ela dizia que ele tinha que ir comigo porque na rádio só tinha gente sem-vergonha. A família ficou uma fera. Dizia que eu ia ser puta. Porque no rádio só tinha puta e veado. Preconceitos da época. Então, o menino ia comigo. Como se ele pudesse resolver alguma coisa.

Imagine você, durante os testes – é que teve semifinalistas, finalistas, etc. – morreu o Getúlio. Tudo nesse ano. Era agosto, parou o concurso. Mas sei que em outubro estava na rádio, contratada. Comecei a fazer a novela. Lembro que no primeiro capítulo não esperei o contra-regra fazer o que tinha que fazer. Não sabia que tinha que esperar o toque de uma campainha, o abrir da porta, fechar da porta... Ninguém tinha me falado nada.

Como radioatriz

Na hora do ensaio estavam tão preocupados em me dizer coisas sobre a interpretação da voz que esqueceram de me explicar que tinha que esperar a campainha tocar, a porta abrir, a música surgir... Fui atropelando tudo. Mas, depois, eu me ajustei e todo mundo gostou.

Continuei a fazer mais novelas porque a Sônia Maria, na época uma das grandes estrelas da rádio ao lado da Lenita Helena e de outras mais, foi ter bebê e me chamaram para substituí-la. A Rádio São Paulo, em popularidade, embora fosse local, com as suas novelas era equivalente à TV Globo de hoje, líder da audiência. De repente, estava fazendo três, quatro, cinco novelas, trabalhando em três períodos. Nunca mais parei, sempre estrelando novelas.

O pseudônimo Arllete Montenegro surgiu assim que entrei na rádio. A primeira condição que me impuseram foi que trocasse de nome. Segundo eles, Arlete Branco não era sonoro. Era muito apagado. Deram-me uma lista de nomes para escolher. Inclusive, queriam que trocasse Arlete. Mas eu bati o pé... E não. Na lista, bati o olho em Montenegro e falei: *É esse.* Não sabia então da existência da Fernanda. Se soubesse, não teria escolhido. Anos depois, caiu a ficha. A lista tinha Moraes, Ferreira... Nomes de gente de teatro. Moraes, de Dulcina; Ferreira, do Procópio Ferreira. A Fernanda ainda não era estrela, mas já atuava no teatro. E eu nem ia ao teatro, não sabia de nada. E achei Montenegro bárbaro. Comecei a ir ao teatro depois que entrei na rádio. Uma vez, não sei como, fui parar no antigo teatro Bela Vista – onde hoje é o teatro Sérgio Cardoso – para ver *Hamlet*, com o Sérgio Cardoso. Fiquei apaixonada. Arrumava dinheiro emprestado para ir ver *Hamlet* de novo. Fui cinco vezes. Levei colegas meus. Depois, passei a ir ao TBC, vi peças lindas. Adorei. Já gostava desde criança no circo, com o Simplício. Ele fazia todos os galãs e os palhaços. Agora, era diferente. Mas não pensava que iria fazer teatro. E estar na rádio não significava nada. Teatro e rádio eram mundos diferentes, ninguém se conhecia. O engraçado é que anos depois descobri que a Fernanda se chama Arlete Pinheiro e que trocou de nome por imposição da rádio. Isso foi quando fizemos juntas *A Muralha*, na TV Excelsior. Ela fazia a minha sogra, Mãe Cândida.

A mudança da minha vida foi impressionante. Sair daquela rotina casa-loja-casa, mais curso de datilografia, e ir para um mundo diferente, mais glamouroso... Não estava preparada, claro. Era fantástica a popularidade da rádio na época. E as pessoas não conheciam a gente. Só conheciam a voz. Saiam algumas revistas que falavam da gente, mas eram poucas. Em muitos casos, a pessoa não tinha nada a ver com a voz, ou com o que a voz sugeria. Não sei se por isso, mas raramente saia alguma reportagem com a gente, algum casamento, algo assim. As vozes eram tão lindas que eu mesma imaginava que as pessoas, os artistas do rádio, fossem iguais àqueles rostos bonitos desenhados nas capas de revistas como *Grande Hotel*. E as pessoas não eram daquele jeito. Nem sempre. Mas tinha uma revista especializada, a *Radiolândia*. Uma vez saí na capa. Mas era mais texto que fotos. De qualquer maneira, eu estava em um mundo totalmente diferente do meu, do que tinha sido o meu mundo até então. Eram pessoas mais elegantes, mais livres. Em todos os sentidos. Claro que isso mexeu muito com a minha cabeça. E eu não estava preparada para nada, não tinha estrutura para nada, quanto mais para esse mundo. Mas depois, fui me adaptando, fui me tornando uma dessas pessoas. Foi muito interessante.

Em Alguém Fechou os Olhos de Lucy, *com Waldemar de Moraes, na TV Record*

Capítulo V

Começando na TV

Tinha um escritor que surgiu na Rádio, e que depois me levou para a televisão... Era o Sylas Roberg, marido daquela jornalista Lyba Fridman... Ele gostou muito do meu trabalho. Eu já estava lá há um ano e meio. Já tinha ganhado prêmios como atriz... Um deles, o Tupiniquim, ganhei como melhor atriz do ano. O Roberg me levou para a televisão, para a TV Record. Na época eram as Emissoras Unidas: a TV Record, a Rádio Record, a Rádio São Paulo e a Rádio Panamericana. Todas do mesmo dono. E a Record ia fazer um teleteatro para ser exibido aos sábados. O patrocinador, uma empresa chamada A. Moreno e Cia. que era aqui na Avenida São João, exigiu que metade do elenco fosse da Rádio São Paulo. A nossa audiência com radionovela era incrível.

Convidada pelo Roberg, fui fazer o primeiro tele-teatro. De todo aquele pessoal do rádio, eu fui a escolhida. Foi em *O Corcunda de Notre Dame*, adaptado do Victor Hugo. Eu fazia a cigana Esmeralda e o Dante Rui, especialista em vilões na Rádio São Paulo, era o Quasímodo, o Corcunda. Tinha a Sônia Maria... não lembro em que papel. Era gente do rádio e da TV. Tudo ao vivo. Mamãe foi comigo, passou o dia inteiro na televisão. A gente ensaiou em uma sala, um estúdio vazio lá na rádio durante duas semanas. E só no dia da transmissão é que fomos para os estúdios da Record. As roupas foram feitas sob medida e experimentadas lá na rádio. Fizeram também um aplique, o meu cabelo estava curto. Aprendi ainda uns passos de dança. E eu não tinha muita noção do que estava fazendo, ainda não tinha feito teatro.

Mas foi um sucesso. Não parei mais. Comecei a fazer rádio e TV simultaneamente. Tanto que, por minha causa, começaram a gravar as radionovelas. Até então, era ao vivo. Mas para me liberar, para ir à TV Record que ficava perto do aeroporto de Congonhas, enquanto a rádio era na Avenida Angélica, passaram a gravar alguns capítulos na rádio.

Além de teleteatros, por volta de 1956, logo estava fazendo telenovelas. Os capítulos eram exibidos três vezes por semana. A primeira que fiz era do Roberg, *Alguém Fechou os Olhos de Lucy*. E olha só, eu fazia uma garota cega. O galã era o Waldemar de Moraes. O vilão era o irmão do Blota Júnior, o Gonzaga Blota, que se tornou importante diretor de novelas na Globo. Continuei atuando na rádio e na TV. Nessa fase conheci o Maneco, o Manoel Carlos, que veio do Rio de Janeiro, e fiz todos os teleteatros que ele dirigiu. Aprendi muita coisa com ele, sobre direção. Depois virou autor de novelas. Aprendi muito também com o Ciro Bassini. O Ciro dirigia quase tudo e o Waldemar de Moraes, que era assistente, depois passou a ser diretor na TV. Até o Maneco chegar, era sempre o Ciro que dirigia. O Hélio Ansaldo dirigiu alguma coisa também. Trabalhava direto, rádio e TV. Fui sugada.

A imaginação é mais importante que o conhecimento.

Albert Einstein

Cena de Astros do Disco

Capítulo VI

Trabalhando Adoidado

No meu tempo de Rádio São Paulo, que era uma coqueluche com as suas novelas, e de TV Record, onde cresci e me criei, fiz tudo o que se possa imaginar. A gente trabalhava uma média de 15, 16 horas por dia. As novelas da Rádio São Paulo começavam às oito e meia da manhã e só terminavam lá pelas dez da noite. Cada meia hora tinha uma novela diferente. Em geral, eu fazia oito por dia. Cheguei a fazer até dez. Não eram diárias. Havia um grupo de novelas que passava segunda, quarta e sexta, e outro na terça, quinta e sábado. Como nas tardes de sábado não tinha novela, costumava ter radioteatro inteiro. Como *O Milagre da Fé*, por exemplo. Era muito trabalho a serviço da imaginação das pessoas.

Depois que em 1955 fui para a TV fazer *O Corcunda de Notre Dame* – e nunca mais parei de fazer televisão – o Alfredo de Carvalho achou por bem gravar as minhas novelas da rádio. Na Record, fiz de tudo, até locução em cabina. Fiz um programa que durou um ano com o cantor Sílvio Caldas. Eu era a voz do violão dele. Fiz *Astros do Disco*, em que cada uma de nós, intérpretes ou garotas-proganda, formava um casal com um ator para apresentar um cantor que estava na crista da onda. Fazia também um teleteatro infantil dirigido pelo Vicente Sesso, meu grande amigo. Todos os domingos ia ao ar. Assim como fiz a Tia Zulmira – aquela personagem criada pelo Stanislau Ponte Preta – no meu último ano de TV Record, no telejornal da noite. Fazia um topo de crônica sobre algo que estava acontecendo naquele momento. Eles me maquiavam de velhinha. E outra coisa que fiz, só duas vezes, foi o teatro Nydia Licia. Ela tinha um horário na Record, o teatro Mercedes Benz. Por duas vezes ela ficou doente e não pôde estrelar. Eu a substituí. Foi quando fiz *A Noite Tudo Encobre*, sob a direção da Wanda Kosmo e uma adaptação que, acho, era de um texto de Shakespeare. Talvez uma versão de *A Megera Domada*, não lembro. Tive o privilégio de trabalhar com o Sérgio Cardoso, ele fazendo o meu pai. Foram só duas vezes que trabalhei para a Nydia Licia. Não era da Record, mas passava na Record toda quarta-feira. Em geral, ela trazia o programa praticamente pronto, ensaiava no teatro dela e do marido, onde hoje é o teatro Sérgio Cardoso. Só colocava no ar.

O curioso é que eu era estrela de televisão e não tinha um aparelho de TV. Os nossos salários

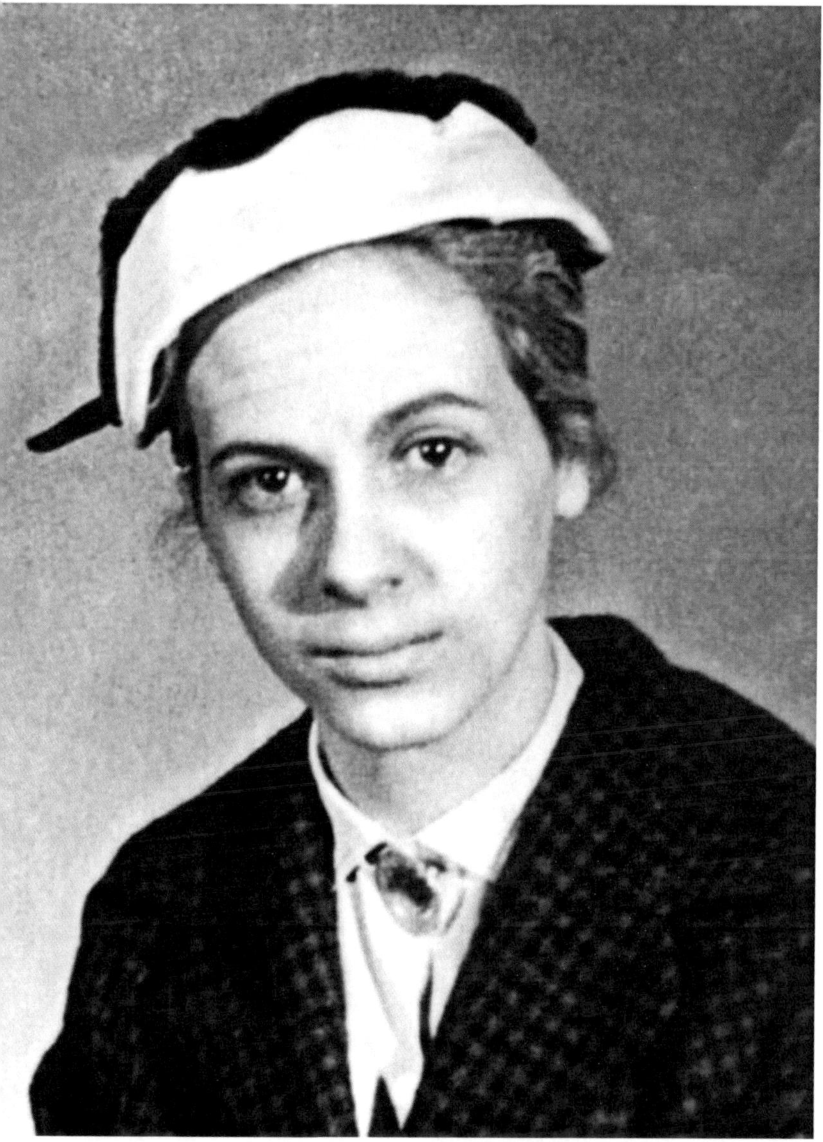

Como tia Zulmira, no telejornal da TV Record

eram baixíssimos. Só dava para viver, não eram os salários de hoje para os intérpretes, as estrelas. Quem ganhava muito dinheiro eram as garotas-propaganda. Eram as grandes estrelas. Elas ganhavam cada vez que entravam no ar, ao vivo. Então, gente como a Idalina, a Clarice Amaral e todas aquelas mulheres maravilhosas tinham roupas novas todos os dias, carros... Elas ganhavam muito dinheiro porque recebiam diretamente do patrocinador cada vez que entravam no ar fazendo um comercial. Nós, não. Nós, atrizes, tínhamos o nosso salário que era normal e o nosso trabalho era direto, de manhã até meia-noite, duas da madrugada atuando, ensaiando.

Uma vez eu reclamei. O Alfredo de Carvalho ficava muito com a gente conversando no restaurante. Lá se ouvia frases tipo *porque ela me viu, eu pude ver...* E eu disse que não podia ver os meus colegas porque não tinha televisão. Não tinha dinheiro para comprar, não ganhava o suficiente. Justamente naquela época, acho que em 1958, o Brasil tinha ido jogar na Copa do Mundo e a delegação era chefiada pelo pai dele, Paulo Machado de Carvalho. O Alfredo perguntou: *Você acha que o Brasil vai ganhar?* Eu disse que sim. *Se ganhar, vou te mandar um aparelho amanhã,* afirmou. Eu tinha tanta certeza que respondi: *Já ganhou. Vou ficar esperando.* E o

Brasil venceu e ele mandou uma televisão para a minha casa. Foi a minha primeira TV.

Foram muitos os sucessos: várias adaptações dos romances de A.J. Cronin, *Éramos Seis*, do best-seller da senhora Leandro Dupré. Foi lindo. A Gessy Fonseca era a dona Lola e eu era a filha Isabel. Tinha o Sílvio Luiz (conhecido locutor esportivo), acho que foi a única vez que ele trabalhou como ator. Era outro filho da dona Lola, o Julinho. Atuavam também o Randal Juliano, o Fábio Cardoso e aquele ator maravilhoso, o Gilberto Chagas, era o pai. Tudo ao vivo.

Capítulo VII

Ingenuidade e Aprendizado

Nessa fase de uma novela atrás da outra, eu era muito tonta e estava apaixonada por alguém que gostava de loiras... Não vou dizer. Na novela que tinha o Randal Juliano de galã, fazia a moradora de uma ilha desconhecida, criada pelos nativos depois da queda do avião de seu pai. O maquiador pintava o meu corpo com um *pancake* cor de chocolate. Usava um tipo de sarongue. Fui ao salão e tingi o cabelo, bem loiro, por causa da minha paixão. E fui assim fazer a novela. Quando cheguei, o diretor, que era o Waldemar de Moraes, ficou histérico. *Que você fez com o cabelo?* Ele me deu a bronca, afinal eu tinha esquecido da continuidade. *Esqueceu que ela mora em uma ilha? Não posso nem botar uma fala dizendo que ela foi ao cabeleireiro,* gritava o Waldemar. E teve de ir para o ar assim. Uma das bobagens que fiz na minha vida.

E tudo mudou porque a televisão te projeta. Mesmo sendo na Record, que não tinha a audiência da Tupi naquela época. O Grande Teatro Tupi tinha mais visibilidade que a gente. Antes da Globo ser o que é, a Tupi sempre esteve em primeiro lugar, em termos de teledramaturgia.

Mas a Record ia fazendo as coisas dela. Até surgir a Excelsior por volta de 1962.

Sem desmerecer ninguém, o Maneco me deu uma visão diferente, aumentou a sensação de estar sendo dirigida. Ele escrevia, adaptava e dirigia. O primeiro teleteatro foi *Em Cada Coração Um Pecado*, tirado daquele filme com o Ronald Reagan. O Randal Juliano é quem fez esse papel. Era uma semana de ensaio. Apenas. Uma escola que jamais se repetirá. A TV não tinha

Cena de Em Cada Coração um Pecado

figurinista e nós, os artistas, íamos àquela casa que alugava roupas de época, a Casa Teatral. Havia um livro, a gente se situava de acordo com o *script* e pegava uma roupa. Eu tinha duas tranças postiças. Uma foi o Maneco que me deu. Elas se transformaram em vários penteados. E ia no meu cabeleireiro transformá-las em coque, cachos ou outra coisa. Não tinha cabeleireiro na TV e maquiador, só de vez em quando. Em *O Corcunda de Notre Dame* decidiram chamar um conceituado profissional do cinema, o Victor Merinov, que depois virou ator. Ele veio apenas para maquiar o Dante Rui como o corcunda Quasímodo. Uma caracterização. Nós é que nos maquiamos. Foi um grande aprendizado. Eu tomava remédio para não dormir. Pela manhã, fazia rádio, à tarde TV e à noite, ensaios até de madrugada. Uma loucura. Tomava algo de nome esquisito, o Pervertim. O Maneco descobriu quando fui alugar roupas e ficou furioso. Pegou e jogou no telhado da casa vizinha. Deve estar lá ainda. *Menina, o que você está fazendo da tua vida?* Justifiquei que tomava para ficar acordada. Assustou-me quando disse que podia ter um ataque de coração. E parei.

Cena de Cela da Morte, *com Randal Juliano*

Cena de As Quatro Irmãs, *com Cidinha Campos*

Capítulo VIII

Carregando Sofrimentos

Com essas mudanças na minha vida, fiquei muito estranha. Não estava preparada para tanto sucesso. As pessoas tinham muita inveja, tinha gente que falava cada besteira. Mesmo dentro da rádio, tinha gente que me olhava feio. Muitos que estavam lá há uns 500 anos, nunca estrelaram nada... E eu cheguei já estrelando. Eu era meio triste nessa época. Gostava muito de cinema, sempre gostei... Deslumbrava-me com as estrelas. E eu era tão boba nesse sentido que, assim que entrei na rádio, comprei um *tailleur* escuro e sapatos de salto alto para parecer como elas, mais velha. Passava um batom bem vermelho. Eu não tinha ninguém para me falar nada, para me orientar. Eu era triste e fui ficando cada vez mais triste. Na realidade, estava na minha adolescência, ainda não tinha personalidade. De repente, estava fazendo personagens que sofriam muito. Todas as ingênuas sofrem muito, choram muito. Mesmo nas novelas de rádio. As personagens que fui fazer na televisão eram fortíssimas. Olha os textos: *Ralé*, de Gorki, *Anjo de Pedra*, de Tennessee Williams... Até *Entre Quatro Paredes*, de Sartre, eu fiz. Então, eu era dominada pelas personagens e ficava mais triste, mais sombria.

Era um mundo famoso de dramaturgia que eu não conhecia nada, embora fosse uma pessoa que lia muito. Mas o trabalho me obrigou a ler mais ainda. Mas, mesmo assim, eu não soube aproveitar aquele sucesso. Por essa tristeza... Trazia aquela coisa da minha infância infeliz. Era canalizada no meu trabalho. Algumas pessoas dizem que é por isso que eu fazia tão bem as personagens. Não sei se isso é bom ou ruim, mas foi o que aconteceu.

Lembro que eu me defendia muito. As pessoas me agrediam demais. Na televisão também. Novamente eu estava invadindo o espaço de pessoas que estavam lá há mais tempo e não tinha estrelado nada. E eu cheguei estrelando como Esmeralda. Um papel que era muito cobiçado. Então, fui me defendendo, mas às vezes nem sabia como. Já a família passou a me tratar diferente. À medida que eu fazia sucesso, todos faziam questão de dizer que eram meus parentes... Apareceu parente de tudo que é lado. Ah, a vida é assim mesmo.

E teve também as paixões. Me apaixonei muito, misturava tudo, paixão com personagem, personagem com paixão... Sempre me esmerando em me apaixonar por pessoas absolutamente impossíveis, inatingíveis... Sei lá, era muito envolvida com as minhas personagens, a minha tristeza.

Cena de Sinfonia Pastoral, *com Randal Juliano*

Eu era uma personagem da Nouvelle Vague. Passei a fumar depois que comecei a fazer uma novela ao vivo dirigida pelo Waldemar de Moraes: *Norma*. E ela sempre fumava. O Waldemar disse que, se eu não aprendesse a fumar, ia ficar artificial. Aprendi e passei a fumar achando que, terminada a novela, eu largava o cigarro. Que nada. Só parei muitas décadas depois e com muito sacrifício. Mas eu achava lindo fumar como as atrizes francesas, pegar um copo de vinho... Tomar conhaque. E fui indo.

Comecei a namorar aquele que seria meu marido, o Duílio Appolinário. Conheci na Rádio. Tive outras paixões que não deram certo. Quando conheci o Duílio, ele também estava apaixonado por outra pessoa e não deu certo. E a gente era muito amigo. Mas muito mesmo. Ele era primo de um escritor de novelas, o Fred Jorge. Ia muito na rádio. Conclusão: de repente, quando a gente viu, já estávamos namorando. Ele começou a parar de falar de quem gostava e sabia também de quem eu gostava... Quando vi, estávamos envolvidos um pelo outro. Mas namoramos muitos anos até casar.

Duílio Appolinário e Arllete, noivos

Com Carlos Zara

Capítulo IX

Fazendo Greve

Outro acontecimento fundamental nessa época foi que o Sindicato dos Radialistas começou a chamar a gente para reuniões que tratassem da regulamentação da classe. Nosso trabalho avançava horas incontáveis e não existia legislação de espécie alguma, não existia piso salarial, não havia nada para nos proteger. Depois das reuniões, nós mandamos algumas comissões nas diretorias das empresas. Nenhuma deu resposta. Ainda davam risada da gente. Resolvemos fazer uma greve para ver se conseguíamos nossas reivindicações. Os líderes do movimento eram o Gióia Junior, o Walter Avancini, o Carlos Zara, o Percy Aires e, de repente, tivemos que tirar as emissoras do ar. Foi tudo bem planejado. Fomos divididos em piquetes e cada um ia para a emissora do outro. Inclusive rádios. Ninguém fazia piquete na própria emissora que trabalhava. Eu fui para a Tupi. Fomos diretos à torre de transmissão. Fizemos com que não entrassem no ar. A gente entrava na sala do técnico e impedia que ele ligasse as chaves... Aí, veio a polícia. Mas nós conseguimos – e acho que depois isso nunca mais se repetiu – tirar todas as emissoras do ar. Menos uma. Na manhã seguinte percebemos que a rádio Eldorado estava no ar.

Não lembro bem porque, mas acho por funcionar apenas com um locutor e um técnico no próprio prédio da emissora e do transmissor. Discute daqui, discute dali, a única pessoa que conseguiu subir e tirar a Eldorado do ar foi a Hebe Camargo. Foram três dias e três noites, cheguei até a barrar o Cassiano (Gabus Mendes) na entrada da Tupi.

Em uma dessas noites fui para casa só para tomar banho e o Avancini, que estava comigo, caiu de cansado no sofá. Dormiu. A minha mãe... sem ver, sem entender bem o que se passava, mas percebendo alguém, um homem e louca comigo porque não parava em casa, expulsou ele no tapa. *Que que esse vagabundo está fazendo aqui? Sai, sai*, gritava. Ele saiu, mas felizmente levou na piada. Houve um caso parecido com o Vicente Sesso. Ele me levava de madrugada e, às vezes, a gente ficava conversando na porta. E a mamãe, que não tinha papas na língua, não via quem era e expulsava. *Vai embora, vagabundo*. Quanto à greve, quando terminou, recebemos ordens de voltar às emissoras, visto que pelo menos metade de nossas reivindicações tinham sido atendidas. A regulamentação mesmo, a oficial, só saiu alguns anos depois. Houve uma homenagem a uma mulher e a um homem, entre os que mais trabalharam nessa greve. O Percy Aires ganhou entre os homens e eu entre as mulheres.

Capítulo X

O Chamado da Excelsior

Em 1962, aconteceu uma história horrível. O Edson Leite, da Excelsior, chamou a mim e ao Carlos Zara para fazer novela. Ele percebeu que novela dava certo na Rádio São Paulo. *O que vamos fazer?*, pensou. Fazer telenovela diária. E queria fazer com gente que fazia sucesso. Meu caso e do Zara. Ele foi nos buscar na Record e fomos conversar no Restaurante Gigetto. O Edson explicou seus planos, a programação que queria fazer. O Zara topou, eu vacilei, queria conversar com o Alfredinho. Para mim, a Record era a minha casa. Tinha até me mudado para perto, lá na região do Aeroporto de Congonhas. Quando fui conversar com o Alfredinho, ele disse: *Não, não, vocês não vão sair daqui, não vou deixar. Pretendo fazer telenovelas e vou prosseguir com o teleteatro. E teu contrato está automaticamente renovado, você não avisou que ia nos deixar.* O Edson disse que pagava a multa, mas eu resolvi ficar, a ligação afetiva com a Record pesou. O Zara também ficou. O Alfredinho fez isso por causa da nossa atitude na greve. Queria se vingar.

O Edson chamou Glória Menezes e Tarcísio Meira para fazer a telenovela. E nós, eu e o Zara, perdemos a chance de atuar na primeira novela diária e gravada da TV.

Pouco tempo depois disso, o Alfredinho apagou a gravação de um teleteatro, acho que *O Anjo de Pedra*, e disse que não ia mais fazer teleteatro, novela, nada disso. Ficamos *p... da vida*. O Zara quebrou a porta da sala do Alfredo. E foi para a Excelsior. Eu fiquei lá fazendo pouca coisa, até telejornal à meia-noite. Depois, no ano seguinte, terminou o meu contrato. Eu podia ter processado, afinal foram nove anos. Mas estava tão magoada, tão infeliz. Quando saí, falei para o Alfredinho: *Espero que você seja feliz com essas coisas que você fez com a gente.*

Liguei para a Excelsior, falei com o Ciro Bassini que já estava lá e disse: *Estou livre.* Imediatamente me chamaram e estrelei uma novela, *As Solteiras*. Uma novela mexicana adaptada pela Ivani Ribeiro. Tinha o Bógus, a Flora Geni, o Dionísio Azevedo, que também dirigia. Em seguida, fiz *Ambição*, da Ivani Ribeiro. Eu fazia a Belinha, bem má. A direção era do Dionísio e tinha o Tarcísio, a Lolita Rodrigues, que substituiu a Glória porque ela estava esperando o Tarcisinho. A gravação do último capítulo foi na igreja da Consolação, o casamento da Lolita com o Tarcísio. Queriam que eu estivesse lá fazendo caras e bocas atrás de uma coluna. E a Belinha era de uma extrema maldade e eu acho que recebi toda a energia ruim que me mandavam. Em um supermercado uma mulher me puxou pelos cabelos por que estava atrapalhando a vida da Guida, a personagem da Lolita. Sei que fiquei quase sempre gripada, tropecei na rua e me machuquei... Era xingada até por cartas. Uma delas dizia: *Que uma bomba atômica* expluda *na sua casa.* Outra era assim: *Que você seja maldita pelo resto da vida.* O Dionísio queria a minha presença na igreja, mas a gravação tinha sido anunciada, o público tinha sido convidado a comparecer. Fiquei com medo e disse: *Eu não vou Dionísio, eles vão me bater.* Ele insistiu, disse que tinha chamado a polícia, que eu seria protegida. Tivemos uma briga feia, eu e o Dionísio, mas o Duílio, que já era meu noivo, não deixou. Não fui. Para evitar que me buscassem em casa, eu e o Duílio fomos para Peruíbe, no litoral paulista. Ficamos assistindo pela TV e vimos muita gente gritando pela Belinha que não foi e deixou muitos revoltados. Terminado o capítulo, essa multidão foi até a porta da Excelsior, que era perto, onde hoje funciona o Teatro Cultura Artística, e continuaram os protestos. Já tinham quebrado parte do altar na igreja. Foi a primeira grande malvada e o primeiro grande sucesso na TV. A novela explodiu.

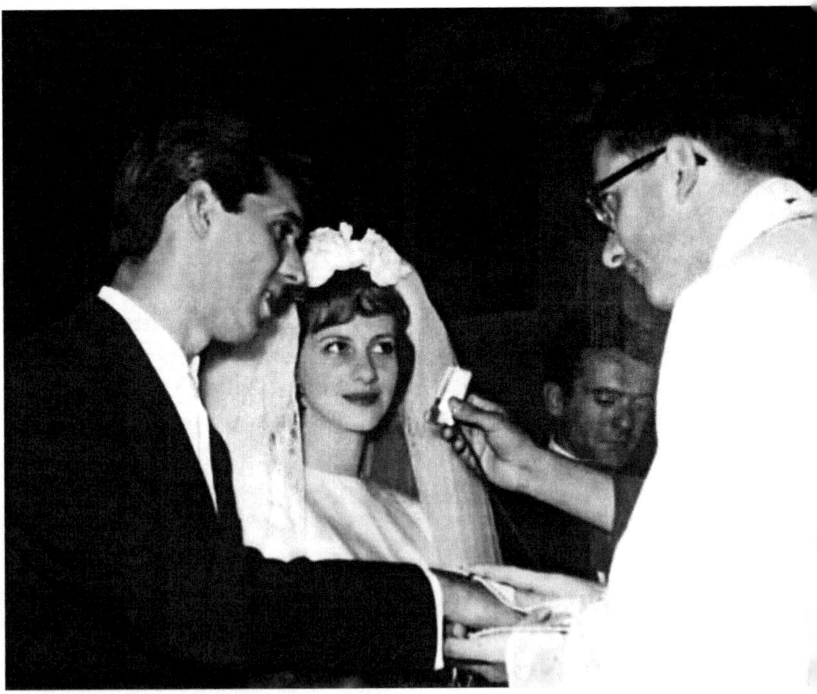

Casamento de Duílio e Arllete

Capítulo XI

É Proibido Beijar

Voltei na semana seguinte e o clima já estava bom. Ia fazer *A Moça que Veio de Longe*. Mas alguém disse: *Vocês sabem que essa moça não beija na boca?* A reação dos patrocinadores foi de perplexidade. *Como não beija?* Disseram que eu fazia truque porque o noivo não deixava. Era verdade, o Duílio não deixava e eu fazia truques para não mostrar o beijo na boca ausente. Ficava de lado, virava a cara... A história se espalhou. O clima não estava bom. Fui tratar da renovação do meu contrato e o Duílio veio junto. Ele, literalmente, mandava em mim. O Edson perguntou quanto eu queria ganhar, respondi que agora quem tratava disso era o Duílio. Nós, de fato, tínhamos combinado isso. O Edson perguntou, ele respondeu uma quantia alta. O Edson ficou chocado. *A Glória não está ganhando isso*, disse. Mas o Duílio bateu o pé. *Então não dá*, encerrou o Edson. Fomos embora. Resultado: fiquei sem emprego. E fui casar.

A cerimônia do meu casamento foi um inferno. Foi lá na igreja de Moema. Era uma multidão que queria ver a Belinha casando. A mocinha, a Lolita Rodrigues, estava lá. Como minha amiga.

Então, imagine como estava o clima. Casei e fiquei em casa. Agora vejo que o Duílio atrapalhou minha carreira. Mas liguei para o Ciro, pedi trabalho. Aí, fiz o Duílio acreditar que a Excelsior tinha me chamado. Mas o Edson ainda não tinha digerido o episódio. *Eu não falo com aquele marido dela.* Ele estava indignado. Naquela época ninguém tinha empresário que cuidava da carreira, muito menos marido. De qualquer forma, me contrataram, me pagaram muito bem. E voltei para casa feliz. Sabia que o Duílio estava atrapalhando. Coitadinho, talvez agisse assim porque... ia morrer cedo.

Casamento de Duílio e Arllete

Voltei para para a Excelsior e fiz de novo *Folhas ao Vento*. Não sabia e já estava grávida. Quando terminou, o Ciro, que era diretor artístico, me disse: *Arllete, detesto gravar com mulher grávida, tem que pôr a câmera em close...*

Fiquei sem trabalhar seis meses até o Fabinho nascer em abril. Depois, voltei para gravar *Caminho das Estrelas,* com Agnaldo Rayol. O Fabinho tinha pouco mais de um mês. O Agnaldo pediu um autógrafo do Fabinho. Ele foi almoçar lá em casa, pegou a mão do Fabinho e fez rabiscar qualquer coisa. Naquela época, as novelas não eram longas. Elas permaneciam no ar uns três, quatro meses no máximo. Foi uma novela boa. Nela, conheci o Procópio Ferreira. Ele fazia o meu pai. E eu uma milionária que queria casar com um cantor de boate, o Agnaldo, contrariando a família. Muita gente começou a carreira nessa novela. O Paulo Figueiredo, o Wilson Miranda, a Maria Estela.

Em As Minas de Prata

Capítulo XII

A Magia de Avancini

Aí, não parei mais. Pouco tempo depois, em 1966, atuei em *As Minas de Prata*, adaptado do livro de José de Alencar. Foi a primeira vez que se construiu uma cidade cenográfica com praças, chafariz, igreja. Uma coisa grandiosa. Tinha a Sônia Oiticica que fazia a minha mãe. No livro da *Coleção Aplauso* ela escreveu: *Gostei muito de ser tua mãe.* Eu e o Armando Bógus fazíamos uma dupla, e o Fúlvio Stefanini e a Regina Duarte a outra dupla.

Foi também o meu primeiro trabalho com o Walter Avancini. Um diretor fantástico. Diretor de imagem semelhante não conheci. Ele fazia você fazer uma cena parada ou... de ponta-cabeça. *Isso vai ficar horrível*, pensava. Mas, depois, quando a gente via, era uma maravilha. O Avancini tinha uma magia... Viajava com as tomadas dele de uma maneira que nenhum outro diretor fazia. Lembro que uma vez, em outra novela dele, eu dancei segurando a câmera. Só eu. Aquilo ficou lindo.

Ele era impressionante como diretor. Era rígido e acabava brigando com muita gente. Altas brigas, com gritos. Me assustei com essa fama.

Com Armando Bógus em As Minas de Prata

Por isso, falei: *Avancini, é a primeira vez que vou trabalhar com você. Estou muito feliz com isso, porque quero aprender muito. Mas, por favor... Você não briga comigo desse jeito. Você fale o que você quiser. Mas chama num canto em vez de quebrar o pau. Porque eu tenho dois tipos, duas formas de reação; ou eu vou chorar muito ou vou brigar com você. Das duas reações, nunca mais volto para gravar porque vou ficar descontrolada tanto de um jeito como de outro. Não faz isso comigo, não.* E ele nunca fez, sempre me tratou bem. Mas eu via ele fazer isso com todo o mundo. Era apavorante. Ele dominava as pessoas no berro. Dizia coisas horríveis, às vezes. Mas as pessoas acabavam entrando na dele e faziam cenas maravilhosas. Não sei o que era isso. Acho que era uma técnica de trabalho e também uma defesa para se impor como diretor. Um método... porque atores que estavam dando metade do que poderiam render, na hora ficavam maravilhosos. É que eles ficavam emocionalmente tão... destrambelhados que aí faziam coisas incríveis. E ele gravava. Eu já disse antes, digo e repito, que não preciso disso, porque já sou muito emocional. Se fizesse isso comigo... Nossa Senhora... Mas foi um aprendizado incrível.

Com Armando Bógus em As Minas de Prata

Capítulo XIII

Os Ciúmes do Marido

Em seguida fiz *Sublime Amor*, novela do Gianfrancesco Guarnieri, dirigida pelo Cassiano Gabus Mendes. O John Herbert foi o meu galã. Foi quando conheci a Irene Ravache, a Aracy Balabanian... Todo esse pessoal que era da Tupi foi para a Excelsior porque o Cassiano foi para lá. Foi a única vez que ele saiu da Tupi. Ele tinha brigado lá. Fez essa novela e voltou para a Tupi. Aí, aconteceu uma coisa engraçada. Até então, eu não beijava na boca. Fiquei amiga da Aracy e ela teve altas discussões com meu marido sobre eu me recusar a beijar na boca. *Você não pode fazer isso com ela, Duílio. Desse jeito, você está fazendo a carreira dela ir para o buraco*, disse Aracy para o meu marido. *Isso é problema nosso*, ele respondia. Mas a Aracy não desistia e falava comigo. *Você tem que dar um paradeiro nisso*, disse. E eu vi que ela tinha razão, os diretores já não queriam mais me escalar por causa disso e porque o Duílio ia muito ao estúdio. As pessoas estavam meio cheias de se sentirem vigiadas nas gravações. O que aconteceu? Eu e o Duílio tivemos uma conversa muito séria a respeito. *Você já sabe. De repente, você vai se apaixonar por alguém porque você é tonta. Eu te conheço,* disse. E ele, de fato, me conhecia bem. Namoramos 500 anos, eu sabia de todas as paixões da vida dele, ele sabia das minhas. *Você vai se apaixonar e aí a gente vai ter que romper esse casamento*, insistiu. Mas eu bati pé, disse que estava perdendo personagens para outras atrizes por causa disso. Ele capitulou: *Você é quem sabe*, afirmou, encerrando.

Surgiu outro dilema: como chegar na televisão e falar: *Gente, oi... Agora, eu beijo*. Ia ser ridículo. E não tinha como. Ficou esse impasse e eu pensando como ia fazer. Mas tive sorte. A minha carreira sempre foi abençoada. Não posso me queixar. De repente, o Cassiano me escalou para fazer um programa que ele fez na Excelsior: *Os Galãs Atacam de Madrugada*. Trabalhavam quatro galãs: Francisco Cuoco, Fúlvio Stefanini, Hélio Souto e... esqueci. Um tipo de seriado, paralelo às novelas. Um programa meio cômico. O Cassiano não sabia que eu não beijava e me chamou. Não lembro quem era o meu galã, mas sei que o beijei na boca. E aí, todo mundo comentou: *Olha, ela está beijando.* Foi a minha alforria.

Já mais liberada, naquele ano, 1968, fiz uma participação em *Legião dos Esquecidos*. Só nos primeiros dez capítulos. Era o pivô do drama do Francisco Cuoco. Eu era a mulher que ele amava, mas, logo no início, ele me dava um fora para casar com uma milionária. Na igreja, eu dava um tiro nele, não acertava, mas era presa e morria na cadeia. Mas o Cuoco ficava a novela inteira pensando nessa mulher.

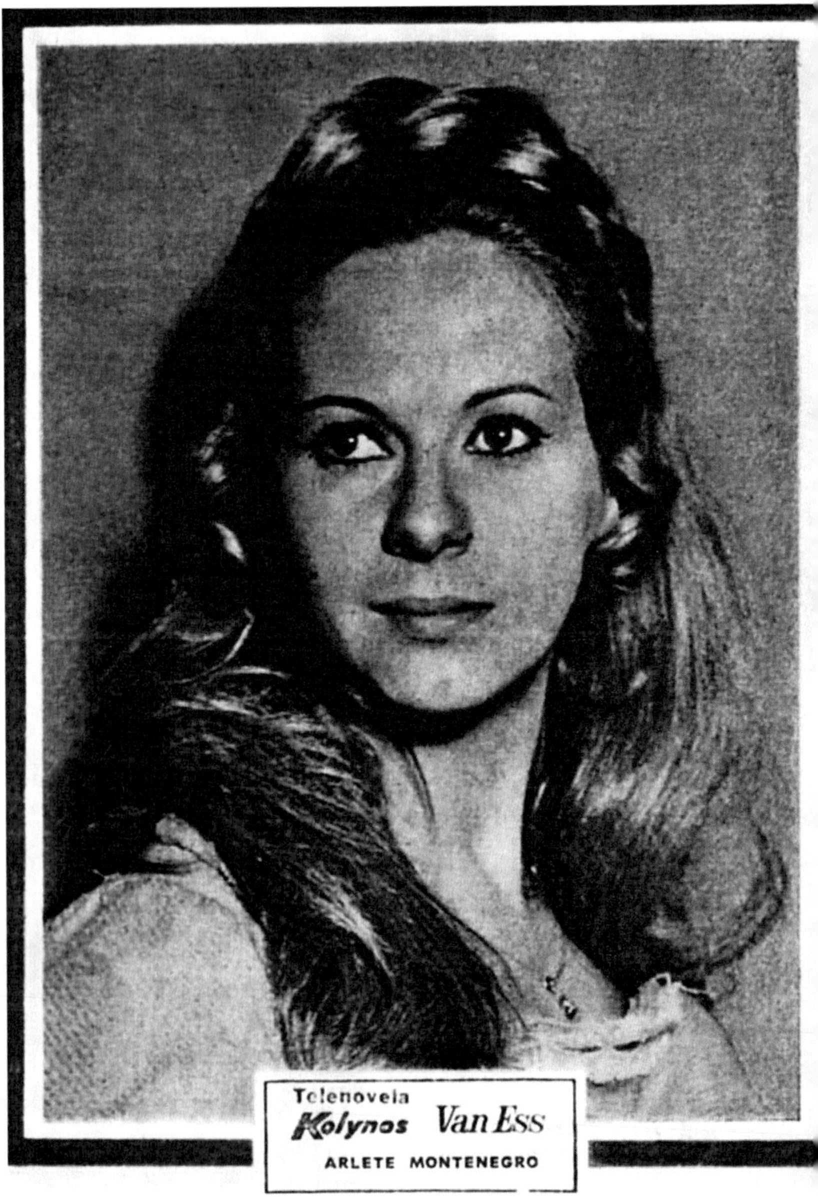

Em A Muralha

Capítulo XIV

Uma Novela Grandiosa

Em seguida, comecei a trabalhar em *A Muralha*, do livro da Dinah Silveira de Queiroz. Eu era a Cristina e interpretei com sotaque português. Começava descendo do navio, da caravela que me trouxe da corte para *esta colônia*, para casar com o Thiago, um bandeirante interpretado pelo Edgar Franco. Na adaptação que foi feita há pouco pela Globo, essa personagem não tinha sotaque. Mas no texto da Ivani fiquei com sotaque até o fim. Tinha também sotaque uma prostituta que chegava escondendo essa situação para casar com o dono da taberna, o Paulo Celestino. Foi durante a gravação dessa novela que a Glória Pires, uma menina de uns sete anos, veio ao estúdio ver o pai trabalhando... O pai era o ator Antônio Carlos. Ela disse depois numa entrevista que foi aí, vendo aquela movimentação toda, que decidiu: *É isso que eu quero quando crescer. A Muralha* era uma super-produção nunca vista na televisão brasileira. Tinha cerca de 200 figurantes, mais outro tanto fazendo os índios, tinha cavalos... E o elenco? Acho que nunca mais será reunido um elenco desses. Curioso é que o Mauro Mendonça, nas duas versões, fez o mesmo papel, o Dom Brás.

Naquela época ele botava barba postiça e cabelo tingido de branco para parecer mais velho. Agora, na da Globo, já não precisou. O Stênio Garcia também trabalhou nas duas adaptações. Na da Excelsior ele fez o índio Aimbé que, na Globo, foi interpretado pelo André Gonçalves. Agora, o Stênio fez um pajé mais velho que não existia na nossa novela.

Foi uma gravação movimentada. E em certa ocasião, eu levei o maior susto com os cavalos de cena. A Cristina, minha personagem, levava muitos dias para subir de Santos a São Paulo. Ela, mais três índios e Aimbê. Assim que ela desembarca, surge a grande decepção: ninguém, nem o noivo e nem ninguém da família à sua espera. Apenas aqueles índios que, na cabeça dela, eram assustadores. Ela decidiu partir em direção a São Paulo. Começou então a longa subida da serra e os personagens paravam em estalagens. Uma subidona a cavalo. Os cavalos eram enormes, eram da Força Pública e eu... ou melhor, a Cristina, montava de lado. Era uma fidalga que se espantava com as mulheres brasileiras que montavam de pernas abertas. Houve uma cena que gravamos em Santana do Parnaíba. O diretor, que era o Sérgio Brito, fez com que o meu cavalo e o do Aimbé ficassem presos, parados, e nós dois no meio, entre eles.

O Aimbé reclamando com sotaque daquela mulher louca e loira, e eu reclamando dele. Não lembro bem o que se falava, mas alguém amarrou ali na esquina, perto, um terceiro cavalo de cena que carregava o baú da Cristina. Sei que esse cavalo, acho que queria comer o capim, saiu desembestado com aquela arca. E os dois cavalos, bem perto de nós, empinaram. Eu, muito louca, assustada, saí correndo. Devia ter feito o que o Stênio fez: encostar na parede. Entrei em pânico e corri, sentindo os cavalos bufando no meu cangote... Que horror. E todo mundo berrando, todos assustados. Sei que ganhei dos cavalos em um quarteirão, quando alguém me puxou e os cavalos passaram. Chorei tanto, tive de refazer a maquiagem. Voltei para o mesmo local, fiz a cena com o Stênio e os dois cavalos.

Houve outra coisa. Uma cena em que eu tinha que cair dentro do lago. Estava em uma canoa com a Nicette Bruno e Aimbê que, em cena, depois pulava para me salvar. Estavam todos preparados para me pegar, assim que eu caísse na água. O que aconteceu? Todo mundo se preocupou comigo e esqueceram da canoa com a Nicette que foi levada pela correnteza. E ela gritando, pedindo socorro. Levou um bom tempo para perceberem o perigo. Aconteceram muitos outros acidentes, afinal era uma novela grandiosa com muita gente. A Maria Isabel de Lizandra quebrou um braço... Mas *A Muralha* nunca deixou de ser exibida e tudo correu bem. Foram mais de 200 capítulos até março de 1969.

Em seguida, atuei em outras novelas: *A Menina do Veleiro Azul* e *Dez Vidas*, que tratava de Tiradentes, da Inconfidência Mineira. Eu fazia a Carlota. A Excelsior já estava começando a degringolar. Em 1970 atuei em *Mais Forte que o Ódio*, a última novela da Excelsior que, em seguida, faliu. Fazia a Roberta. No meio da gravação, o meu galã, o Jovelty Archângelo, abandonou o trabalho. Outros intérpretes também saíram porque não recebiam seus salários. Eu fiquei até o fim, até apagar a luz. Depois, me vi desempregada novamente.

Cena de A Muralha, com Edgar Franco

Capítulo XV

O Teatro

Quando ainda estava na Excelsior, que já declinava, recebei um convite para fazer teatro. Foi por volta de 1969. Osmar Rodrigues Cruz, diretor dos espetáculos do Sesi, queria fazer um elenco de viagem para *Noites Brancas*, do Dostoievski. A Berta Zemel é quem fazia a peça em São Paulo, mas ela não queria viajar. A Ruthinéa de Moraes me sugeriu ao Osmar. *Ah, ela é muito velha para o papel*, ele respondeu. Perguntado sobre minha idade, não soube dizer. *Sei lá, mas sei que, há muito anos, vejo o nome dela rodando por aí.* O Osmar não via televisão, detestava televisão, detestava novela. Acho que ele me via... como uma Lia de Aguiar, de uma outra geração.

Mas ele foi convencido a me chamar. Eu fui com o Duílio. Quando ele me viu... Eu estava com uns 30, 31, mas aparentava bem menos... imediatamente mudou sua opinião e logo me contratou. Aceitou as exigências do Duílio. *Ah, ela vai viajar? Eu tenho que ir junto.* O Osmar topou, botou tudo em contrato.

Logo começamos a ensaiar. Eu morria de medo, afinal, nunca tinha feito teatro. Não sabia me movimentar, não sabia o que fazer com as mãos.

Fiquei tão travada. Tinha o Jovelty fazendo o papel principal – que no filme foi o Marcello Mastroianni – e o Marcos Toledo. Lembro que eu já tinha feito *Noites Brancas* ao vivo, em teleteatro, na Record. O Zara era o galã. Na TV o elenco era enorme. Já na peça, só havia três personagens. Era um espetáculo lindo, enxuto, seco. Sei que quase morri de tensão na estréia. O Duilío estava mais nervoso. *Olha, vou ficar no carro... Sei lá, acho que você vai esquecer tudo. A peruca pode cair. E eu não quero ver isso.* Ele me passou mais insegurança. A estréia foi em São Caetano e ele ficou no carro. No começo, tremia tanto que saiu uma voz que não era a minha. Dez, quinze minutos depois já estava normal. Relaxei e fui. Gente, que sofrimento. O impacto daquela platéia, a energia deles que vem pra você... Era algo desconhecido. E me apaixonei pelo teatro. Para o ator, teatro é o que há de melhor. Porque aí você está livre, você é você, faz o que você quiser. Ou você domina ou não domina. É por isso que o diretor fica bravo quando você estréia. Começa a fazer anotações, mas sabe que já perdeu certo domínio sobre você, artista. Não tem jeito. Na televisão e no cinema ele pode fazer de novo, se não gostou. No teatro, naquele dia já foi. Não dá para repetir. No cinema, ele pode mudar teu desempenho na montagem.

NOITES BRANCAS HOJE E AMANHÃ ÀS 20,00Hs

Grandiosa promoção promete o TEI, para hoje e amanhã às 20,00 h. no Salão Paroquial, com a apresentação da peça do consagrado autor DOSTOIEVISKI, "NOITES BRANCAS", em 2 atos, proibido para menores de 14 anos. O Teatro Popular do SESI, já apresentou o espetáculo em 15 cidades, chegando agora a vêz de Itu aplaudir o elenprofissional que conta com grandes nomes da TV. Como Arlete Montenegro, Jovelty Arcangelo e Marcus Toledo. O sucesso já esta garantido, levando-se em conta a repercussão deixada pelo Teatro Popular do SESI, quando se apresentou em nossa cidade, com a peça "O Milagre de Annie Sullivan", que marcou época em nossa vida cultural. Os convites são gratuitos e podem ser retirados com antecedência no local ou na Rádio Convenção de Itu, para os espetáculos que começam rigorosamente no horário

O público não deve perder esta promoção do Teatro Experimental Ituano, que tanto tem lutado pela arte em nossa cidade. (Cliché: Arlete Montenegro e Jovelty Arcangelo)

Anúncio de Noites Brancas, com Jovelty Arcangelo

Aliás, o Lima Duarte disse – e é verdade – que o cinema é do montador e do diretor. E a televisão é da equipe técnica. Alguma coisa errada na luz e no som na TV, mandam fazer de novo. Mas, às vezes, a gente erra e não mandam fazer de novo. Só por problemas técnicos é que voltam. Já no teatro, não. Depois que estreou, está na mão do ator.

Gostei e me engrenei com o teatro. Osmar gostou de mim, as pessoas com quem eu trabalhei também. Na viagem, foi um sucesso, as pessoas vinham falar comigo, muitas porque me conheciam da TV. Fiquei um ano fazendo a peça. Foi maravilhoso.

Paralelamente à excursão com *Noites Brancas*, Osmar atendeu ao convite da Nathalia Timberg e do então marido dela, o escritor Sylvan Paezzo. Eles tinham montado um misto de circo e teatro que ia aos bairros, com poltronas montadas na hora. E eles convidaram todos os elencos de São Paulo. Aí, Osmar montou *A Falecida Senhora Sua Mãe* comigo e com o Jovelthy e a Vic Militello. A gente ensaiava durante as viagens e encenava o espetáculo em São Paulo somente às segundas.

Em seguida, Osmar montou *Senhora* pra mim, em São Paulo. Uma adaptação do romance de José de Alencar. Eu fiz, mas o Duílio nessa ocasião já estava muito doente. A toda hora tinha coisa no pé, cirurgias... Ninguém sabia, ninguém tinha consciência da gravidade. Foi também quando o Cassiano Gabus Mendes, que dirigia a Tupi, me chamou de novo. Ele tinha me convidado antes para fazer uma novela da Ivani Ribeiro, mas, por questão de salário, recusei. A Ivani ficou aborrecida. O que fazer? Estava fazendo teatro, recusei. Contudo, em 1971, o Cassiano soube da peça e pensou em fazer uma novela do texto. Mas ele queria uma versão moderna de *Senhora*. Por isso, contratou o Ody Fraga para escrever e me chamou para o papel principal. A novela era *O Preço de um Homem*. O Adriano Reys veio do Rio para ser o galã, o Mário. Em vez da Aurélia, eu era a Rosa, a senhora moderna. Depois, ela virava a toda-poderosa dona de uma indústria. Acho que foi a primeira novela do Carlos Alberto Riccelli. Ele me perseguia de moto. *O Preço de um Homem* fez com que eu e o Adriano contratássemos uma secretária para responder às cartas. Era uma média de cem por dia. Uma coisa absurda.

Em O Preço de um Homem, *com Adriano Reys*

Cena de O Preço de um Homem, *com Adriano Reys e Jaime Barcellos*

Capítulo XVI

A Grande Perda

Estava fazendo *Senhora* simultaneamente: na TV e no teatro, que era uma adaptação do Sérgio Viotti fiel ao texto do José de Alencar. A gravação era puxada e também passava um bom tempo no hospital, por causa do Duílio. Optei por deixar o teatro, fui substituída. Fiquei só na Tupi e dei um tempo ao teatro. Mas logo voltei ao palco em *A Ilha das Cabras*, ainda em 1972. Nesse ano, o Duílio amputou a perna. Depois... morreu em 1973, no dia em que ia colocar uma perna mecânica. Só aí me disseram que era câncer nas artérias e que quando dá em jovem, é avassalador. E ele só tinha 38 anos. Era um tipo de câncer que costuma atingir gente mais velha, de uns 70 anos. Nas raras vezes que atinge jovens, sempre é fulminante. Fiquei arrasada. Eu estava atuando na novela *Divinas & Maravilhosas* quando ele morreu na primeira semana de gravação. Antes, tinha feito *Rosa dos Ventos*, que contou com muitas cenas gravadas naquele hotel antigo de Poços de Caldas. O Duílio, já doente, foi comigo. E o Fabinho também. Ele fez figuração em uma cena naquele bondinho típico da cidade. Acho que ele tinha já uns sete anos.

Em Rosa dos Ventos

Divinas & Maravilhosas teve um clima pesado na gravação. No primeiro dia, a Nicette Bruno tropeçou em um cabo das câmeras e quebrou o pé. No terceiro ou quarto, o Duílio morreu. Algum tempinho depois, a Bete Mendes sofreu um grave acidente de carro. Chegou a ficar em coma. E teve uma atriz que, discretamente, foi fazer um aborto, mas passou mal. Aí, todo mundo ficou sabendo. E o Vicente Sesso, autor da novela, foi ficando doente e teve um enfarte. Coitado, foi muita pressão, ele tinha que mudar a trama por causa de tudo isso que acontecia com as *suas mulheres*. Cada uma, no drama, tinha uma história. Mas aconteceram tantas tragédias que a novela desandou.

Com a amiga Sônia Moreira em baile de carnaval

Capítulo XVII

Amigas para Sempre

Já disse que tive muitos cúmplices na vida. Tive e tenho amigos maravilhosos. Alguns já mencionei. A minha prima Líllian e o Mílton, que me levaram para a Rádio. Ela sempre me dava palavras de apoio quando alguém da família falava besteira do meu lado. Naquela época eu conheci uma menina, a Sônia Moreira, que era amiga da minha prima Deise. Quando me aproximava das duas, ainda criança, a Deyse dizia: *Aqui não tem lugar pra você. Você é muito pequena.* Eram três anos de diferença. Mas, na infância, na adolescência, três anos fazem diferença. As duas eram muito amigas, mas um dia a Sônia sumiu, nunca mais vi.

Quando entrei na Rádio São Paulo, muitas estrelas me olhando de cima pra baixo, desprezando *aquela novata*, vi aquela moça, hesitei, mas me aproximei. Ela também me olhou, lembrou da prima da Deyse. A Sônia Moreira, lá da Casa Verde. Ela também tinha entrado para a rádio dois meses antes, através do Clube da Fã. Nunca mais nos largamos, ela também não tinha feito amizades, se enturmado com ninguém.

Até hoje é a irmã que eu não tive, por várias razões. Em vários momentos da minha vida, ela foi de grande ajuda, de grande importância. Principalmente quando meu marido morreu. Ela me fez ir morar na casa dela. Na época da morte do Duílio, nós estávamos em uma situação financeira muito ruim. Ganhava pouco fazendo *Divinas e Maravilhosas* na Tupi e o Duílio recebia auxílio-doença do governo. Nós dois e o Fabinho mudamos para uma kitchenette na esquina da Praça Marechal Deodoro que a Sônia arrumou. Ela já morava por perto. Foi a única vez que deixei minha mãe morando na casa da minha tia Amélia. Eu não tinha condições financeiras para manter a casa maior na Freguesia do Ó.

Ao voltar do enterro do Duílio, a Sônia já tinha desmanchado o meu apartamento e me levou para a casa dela. O Fabinho ficou na casa da mãe dela que ficava há um quarteirão e que criava a filha dela também. A Sônia e o marido, o Wilson, trabalhavam muito e por isso deixavam a menina com a mãe. Passei a deixar o Fabinho também. Foram oito meses nesse esquema. Quando completou um mês da morte do Duílio e eu quis dar um dinheiro para a Sônia, ela não aceitou. Mais tarde, ela arrumou este apartamento na Praça Marechal, que tenho até hoje. Me fez comprar, venceu a minha relutância. Eu achava que não ia conseguir pagar. *Você vai pagar*, dizia com firmeza.

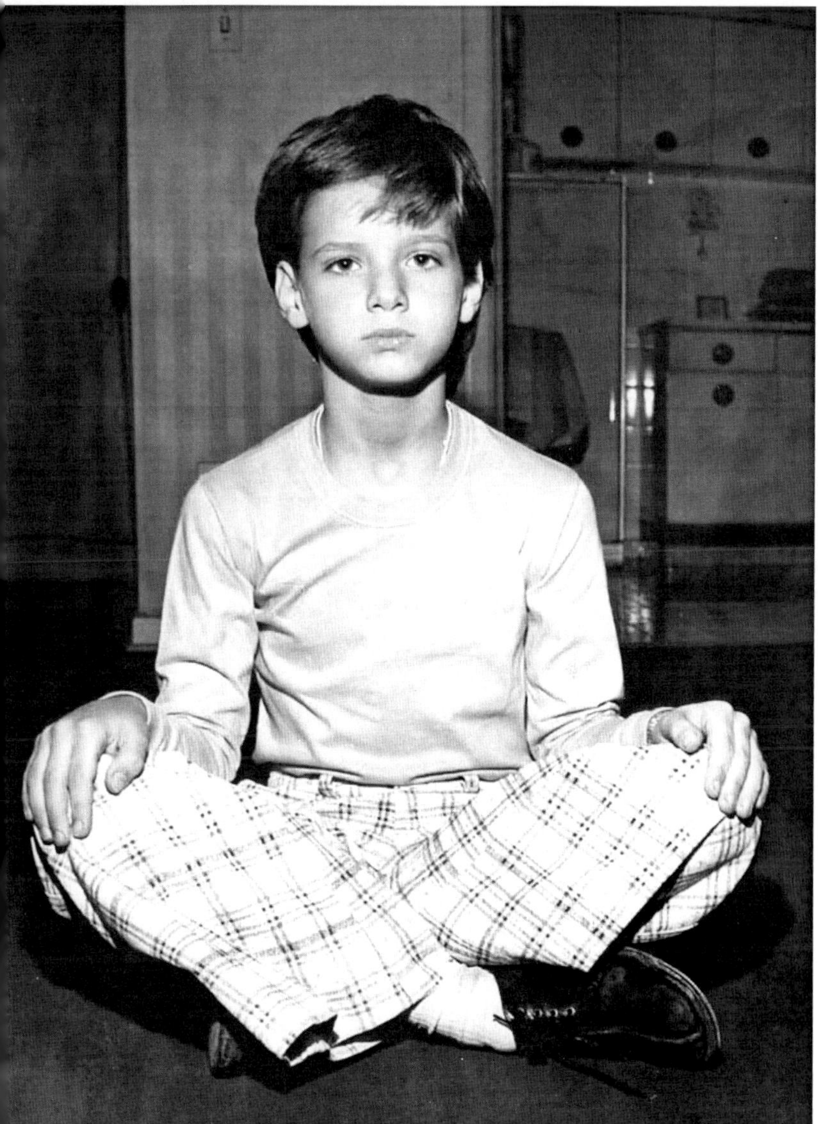

Seu filho Fabinho, meditando

E lembrava que ela, ganhando menos, já tinha seu apartamento. Eu é que sempre fui muito gastona. A Sônia, até hoje, é a primeira que me acode quando acontece algo de ruim. É uma grande amizade. Um anjo na minha vida.

Outros surgiram, claro. A Aruta, por exemplo, uma camareira que trabalhou comigo. Há pouco tempo, levei um tombo e fraturei o punho. Ela me ajudou no difícil dia-a-dia de gesso e cirurgia. Teve o Edison que me ajudou muito quando quebrei a perna. Limpava a minha casa, pagava as minhas contas... Já não está entre nós. E tem a Suely Franco. A gente se conhecia da Tupi, mas quando fui fazer *Cara e Coroa,* no Rio, ela se transformou em uma irmã para mim.

Mas tem o reverso também. Quando o Duílio ficou doente, as pessoas sumiram. Não é por mal, tem gente que não suporta ver amigo sofrendo, não agüenta.

Em Meu Rico Português, *com Flávio Galvão*

Capítulo XVIII

O Retorno às Novelas

Logo após a morte do Duílio, fiquei um bom tempo sem fazer TV e teatro, na depressão e sem emprego. Só fiz dublagem. Essa é uma atividade que sempre esteve presente em minha vida, desde a Rádio São Paulo. Comecei dublando *Orfeu do Carnaval*, do Marcel Camus, por volta de 1958 ou 1959. O Glauco Mirko Laurelli dirigia a dublagem. Geralmente dublava a noite inteira. Saia da rádio e, depois da TV, ia dublar. No começo, só dublava para o cinema, dublava inclusive filmes nacionais lá na Odil Fono Brasil, no Sumaré. Só depois é que apareceram para dublar as séries e os filmes para a TV. Paralelamente aos meus outros trabalhos, sempre dublei, graças a Deus. Dublo há quatro décadas. Ou mais. Já dei voz para Shirley MacLaine (que adoro), Sophia Loren, Angela Lansbury, Catherine Deneuve... Tanta gente.

Voltei a fazer novela em 1975. Foi *Meu Rico Português*, do Geraldo Vietri. Eu era a Dora, uma personagem maravilhosa. Era alcoólatra e manca. Bebia porque era manca e queria dançar. Ninguém tirava ela para dançar. Por causa dessa personagem, foram abertas muitas AAA (Associação do Alcoólatra Anônimo) pelo Brasil. Chamaram o Vietri várias vezes para ser homenageado. Tinha outro alcoólatra na trama, interpretado pelo Wilson Fragoso. Na trama, eu tinha uma perna mais curta que a outra. Então, mandaram fazer um sapato com plataforma e outro sem. Foi difícil fazer, um sujeito disse que fazia sapatos para ajudar as pessoas e não para prejudicá-las. Um dia fomos gravar na Bela Vista, em uma casa ao lado da Paróquia Nossa Senhora Achiropita, uma cena em que eu estava estendendo roupa.

Em Meu Rico Português, com Ruthinéa de Moraes

Aí, o Vietri me chamou no caminhão, na rua, para ver como ficou. Quando ele gostava, ele chamava. E eu fui, mancando por causa da bota. Tinha várias mulheres lá perto e uma disse: *Meu Deus, ela é manca. Coitadinha. Vi tanta novela dela. Nunca percebi que mancava*.

Em seguida atuei em *A Viagem*, que foi um marco da telenovela, um sucesso. Era baseada em um livro de Chico Xavier. Meu papel era o de um espírito de luz. Eu e o Cláudio Corrêa e Castro, nossos personagens, estávamos mortos há mais de 500 anos. Nós é que recebíamos as pessoas que desencarnavam. Lembro que lá pela metade da gravação da novela, o Chico Xavier veio conversar com a gente. Perguntei se estava certo o que eu estava fazendo; afinal, ninguém tinha noção de como se comportava um guia espiritual que recebia os mortos. O Chico disse que estava correto e eu fiquei feliz com a sua observação.

E acho que, ao mesmo tempo, ou um pouco antes, ou um pouco depois, no teleteatro que tinha na Tupi, atuei em *Aplauso* – uma adaptação do filme *A Malvada*. Eu fiz a malvada, o papel que no cinema tinha sido da Anne Baxter, aquela jovem suave e arrivista. E a Nathalia Timberg fez a atriz famosa, vivida pela Bette Davis no filme.

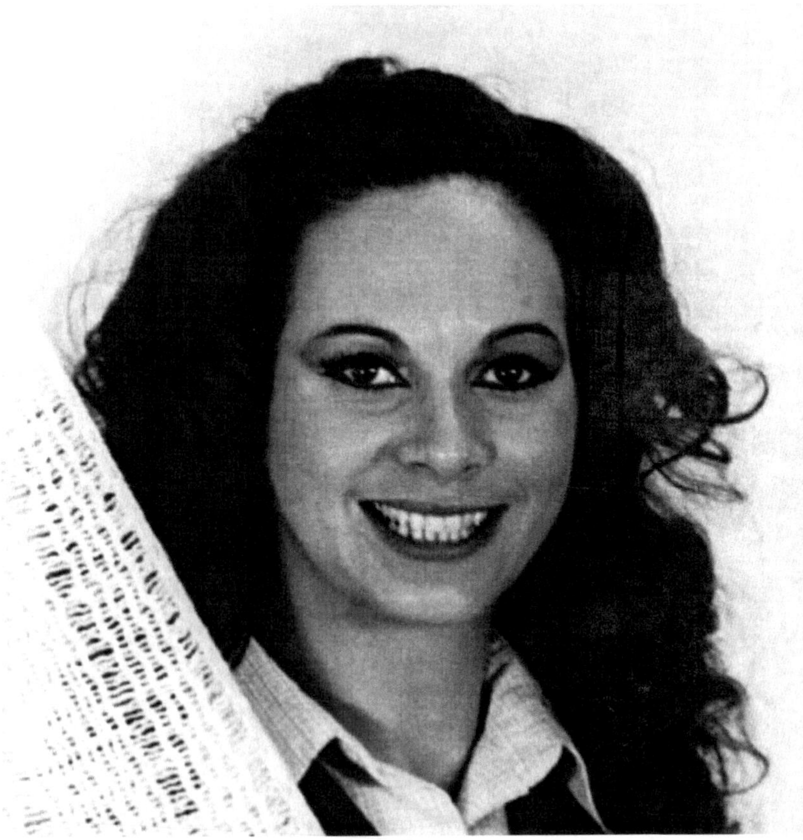

Em Meu Bom Baiano

Capítulo XIX

Estréia no Cinema

Não lembro se fiquei um bom tempo parada depois de *A Viagem*. Mas, em 1976, estreei no cinema atuando em *O Conto do Vigário,* dirigido pelo também ator Kleber Afonso. Foi um filme interessante com uma cantora famosa, a Nalva Aguiar. Eu fazia a má. Era uma comédia sertaneja ou com toques sertanejos. Tinha uma cena em que eu tinha que entrar em um carro da polícia, presa. Estranhei fazer cinema. Mas tinha estranhado muito mais quando surgiu o videoteipe. Acho que foi por volta de 1968. E vi que eu não era nada daquilo que imaginava ser. Fiquei horrorizada com a imagem que eu passava. Pensava que era uma e vi que era outra. A mesma coisa ocorre com a voz. A tua voz sem ser ouvida em gravação, você não ouve a emissão, você a ouve dentro da própria cabeça. Em relação ao som de minha voz eu já estava acostumada, já tinha ouvido gravações. E tinha percebido que não era tão feia assim. Mas a imagem... Você andando, se movimentando. A tua postura, as expressões... Fiquei horrorizada. Mas todo mundo fica assim na primeira vez, não tem jeito.

Continuei fazendo televisão. Mesmo assim, procuro me ver muito pouco e, de preferência, com muito distanciamento, bem depois de ter feito o trabalho. Porque assim, até gosto muitas vezes. Mas, normalmente, quando vejo na hora, não gosto. Nas gravações, geralmente, o ator é chamado para ver no monitor como a cena ficou. A maioria vai ver. Eu procuro não ver. Posso ficar tão desencantada que estrago as outras cenas no resto do dia. É um problema meu.

Nesse mesmo ano voltei a fazer um fantasma. Foi na novela *Papai Coração*. Mas de uma forma mais leve. Foi o primeiro trabalho na TV da Narjara Tureta. Ela era menina, fazia a minha filha Cristina que, durante toda a novela, conversava com a mãe morta. Só ela é que via essa personagem falecida. O texto era mexicano ou espanhol, não lembro. Mas não falava em religião, em espiritismo, ao contrário de *A Viagem*. E a idéia que passava é que tanto podia ser tudo imaginação da Cristina como, de fato, ela via a mãe. Cada um podia escolher. A novela tinha um convento entre os cenários... A Beth Goulart, começando, fazia uma noviça.

Nessa época, os intérpretes deixaram de ser contratados das emissoras. Era por tarefa. Assim, passei um bom tempo desempregada até fazer *O Bom Baiano*, em 1978, escrita e dirigida pelo Vietri. Era um drama muito bom, com quitanda, pensão. A Nair Belo era a dona da pensão. Eu vivia uma viúva que, depois, casava de novo. A minha personagem morava com a sogra, Antônia, vivida pela minha querida Yara Lins. Sei que nessa época começou o desemprego para muitos. Aí, a gente tinha também que dublar, que filmar. Por isso, fiz no cinema um pequeno papel em *Meus Homens, Meus Amores*, um drama dirigido pelo José Miziara. E, novamente, passei a dublar mais. No mesmo ano atuei em *Aritana*, novela muito interessante da Ivani Ribeiro e que marcou a estréia da Bruna Lombardi. Nessa gravação ela conheceu o Carlos Alberto Riccelli, que fazia o Aritana. O meu galã era o Othon Bastos. Eu fazia uma empregada, Violeta. E a Ivani, estranhamente, fez com que que tingissem o meu cabelo de preto. Foi a única vez que me vi com cabelo escuro.

Na padaria ao lado da TV Tupi, com Felipe Donovan e Walther Negrão

Capítulo XX

O Fim da Tupi

Fiquei um bom tempo sem fazer TV. Fiz *Drácula* na Tupi que foi interrompida, a crise já tinha chegado. E o Ody Fraga, que gostava de mim desde que atuei em *O Preço de um Homem*, que ele adaptou de *Senhora* para a TV, em 1980 me chamou para fazer um filme. Foi *Palácio de Vênus*. Um dos melhores papéis que fiz no cinema. Passava-se em um bordel, eu era a prostituta mais antiga, a *p... velha*. A Elisabeth Hartmann era a dona do bordel. Tinha a maravilhosa Lola Brah fazendo uma governanta estranha. Tinha todo o pessoal do cinema da Boca: Helena Ramos, Neide Ribeiro, Matilde Mastrangi... Todas. O filme hoje é considerado um *cult*. Eu gosto muito, é lindo. Queria ter em vídeo ou em DVD. Mas não existe.

No mesmo ano, fiz a novela *Um Homem Muito Especial*, na Bandeirantes. É o *Drácula*, a mesma novela do Rubens Ewald Filho que começou a ser gravada na Tupi. Lá, tinha uma produção primorosa, com cenários e roupas requintadas. De repente, já existiam oito capítulos gravados ou exibidos quando a Tupi foi parando. Finalmente, a Tupi acabou saindo do ar.

No filme Palácio de Vênus

Um Homem Muito Especial

Infelizmente faliu, como tinha acontecido com a Excelsior. E até hoje a gente nunca ficou sabendo com certeza quais foram as causas. O problema é que, naquela ocasião, a gente já estava há meses sem receber o pagamento. Os sinais do declínio estavam já se fazendo sentir... O mais impressionante de tudo isso é que o término da Tupi aconteceu lá na Vila Guilherme (*bairro de São Paulo*), no mesmo estúdio, no mesmo lugar em que aconteceu o final da Excelsior. E praticamente com as mesmas pessoas. Os mesmos atores, diretores, a equipe técnica... Nós participamos de duas falências, duas derrocadas no mesmo cenário. Isso foi terrível.

Cerca de seis meses ou um ano depois do fim da Tupi, a Bandeirantes comprou o projeto todo de *Drácula*. Elenco, cenário, roupas, tudo. E nós começamos de novo a gravar na Bandeirantes. Mas mudou o título que não poderia ser o mesmo. Daí surgiu *Um Homem Muito Especial*. A direção geral acabou sendo do Avancini, mas o Atilío Riccó dirigiu muitas cenas. E, na autoria, acabou entrando mais gente, três no total. Começou com o Rubens, depois veio a Consuelo de Castro, o Jayme Camargo, não sei se nessa ordem... Meu papel era o da Beatriz. Um papel delicioso porque era uma sonhadora, etérea. Mas, de repente, ela se transforma em uma guerrilheira. Isso quando mudou o autor. Cada vez que mudava o autor, mudavam as personalidades dos personagens. Menos o vampiro que era o Rubens de Falco. Foi terrível a gravação dessa novela porque, nos capítulos finais, a Bruna Lombardi e o marido dela, o Carlos Alberto Riccelli, brigaram com a emissora e saíram. A novela terminou sem eles, o par romântico. Acho que foi a primeira vez que isso aconteceu na telenovela brasileira, ou seja, terminar sem o mocinho e a mocinha juntos, maravilhosos. Essa não deu, a personagem da Bruna morreu queimada, punida em uma fogueira.

Ainda na Rede Bandeirantes, no ano seguinte, fiz *Os Adolescentes*. Uma novela escrita pelo dramaturgo Jorge de Andrade. Um nome respeitável pela obra teatral. Fiz uma velhinha, o que exigia maquiagem especial, demorada. Entrei no lugar da Cleyde Yáconis que, na última hora, não pôde atuar. Não lembro a razão. Mas eu tinha que estar mais envelhecida porque na história acabava tendo um romance com um adolescente, que foi o Flávio Guarnieri, filho do Gianfracesco Guarnieri. Essa velhinha, a Clô, interagia com todos eles. Ela era uma espécie de ponto de apoio dessa meninada. Uma personagem muito interessante. Muita gente boa começou nessa novela – Júlia Lemmertz, filha da falecida Líllian.

A Mayara Magri, a Tássia Camargo... Todas bem jovens. Como sempre, São Paulo foi um celeiro de atores que depois vão para o Rio de Janeiro. Foi, não. É.

Capítulo XXI

Prazer e Frustrações

Nesse mesmo ano, 1981, participei de dois filmes: um do Ody Fraga e outro do Geraldo Vietri. E fiz na TV Cultura de São Paulo um telerromance em 20 capítulos que me deu muito prazer, muita alegria: *Partidas Dobradas*. Foi maravilhoso. Era um livro do Mário Donato adaptado pelo Marcos Rey. Pela primeira vez fiz uma personagem com o meu nome, Arlete. A trama era sobre um casal de velhinhos, interpretados pelo Abrahão Farc e a Lia de Aguiar, que a família colocava em um asilo. Era um conflito familiar em que eu fazia a irmã do Herson Capri e do Amaury Alvarez. E a gente hesitava, discutia o futuro dos pais que acabavam em um asilo para idosos.

Ainda na TV Cultura, atuei em algumas minisséries extraídas de livros clássicos. Como *Casa de Pensão*, do Aluísio Azevedo, e *Iaiá Garcia*, do Machado de Assis, ambas adaptadas pelo Rubens Ewald Filho. Mas não parei de fazer cinema e teatro. Em 1981 atuei em *Essa Gente Incrível*, peça maravilhosa do americano Neil Simon. Eu fazia Tobi, que tinha sido rainha da beleza. E pude contracenar com Eva Todor, com quem eu nunca tinha trabalhado.

Com Raimundo de Souza, em Partidas Dobradas

E em 1982 fiz alguns filmes da Boca: *Prazeres Permitidos*, do Antônio Meliande, além de um episódio de outro filme desse diretor, *As Safadas*. E atuei em *Tessa, a Gata*, dirigido pelo John Herbert, adaptado de um livro da polêmica Cassandra Rios.

Nessa época, também, entre outras peças, fiz a comédia *Toalhas Quentes*, grande sucesso de bilheteria onde atuei novamente ao lado de minha querida amiga Ivete Bonfá. Antes, tinha feito com ela no teatro *Aluga-se uma Barriga*. A encenação de *Toalhas Quentes* começou a ser dirigida pelo Carlos Di Simone, mas já durante os ensaios ele foi substituído pelo Maurice Vaneau, um sujeito incrível. Ficou quase dois anos em cartaz. Tanto que durante essa temporada, a Bibi Ferreira estava fazendo *Piaf*. Maravilhosa... Ela é que tinha adaptado o texto de *Toalhas Quentes* do original francês de Marc Camoletti. A Bibi foi assistir ao espetáculo. Depois de um tempo, me mandou chamar para substituir alguém, acho que a Iris Bruzzi, em *Piaf*. E eu tive de recusar o convite: *Bibi, eu não posso largar ao espetáculo com esse sucesso.* Ela entendeu. Mas, infelizmente, meu sonho de trabalhar com a Bibi não deu certo. Nunca deu certo. Ela já me convidou duas vezes, só que uma coisa ou outra acaba impedindo.

Nessa fase, ainda na TV Cultura, atuei em um programa chamado *Cabaré Literário* em que os

Aluga-se uma Barriga

Com Ivete Bonfá e John Herbert em Toalhas Quentes

artistas recitavam poesias. Lembro que fiz um sobre Vinícius de Moraes que foi lindo. Quinze dias depois da transmissão do programa ele morreu. Claro que, nesse dia, o programa não saía do ar. Repetiam a toda a hora.

Em 1995, a convite de Wolf Maya, participei de uma novela da Globo. *Foi Cara e Coroa* do Antônio Calmon. A personagem no início parecia interessante, mas depois se revelou uma bobagem. São aqueles personagens que não têm ação, não têm o que fazer. É difícil. Acho que o Calmon gosta ou se sai bem escrevendo para a meninada, os mais jovens. Já os mais maduros... O Mauro Mendonça, que fazia o meu marido, também ficou irritado na época. Nós não tínhamos cenas boas. A gente fazia fundo, não aparecia. Não havia nada para fazer e se a gente fizesse alguma coisa a mais por conta própria, voltava a cena para gravar e aí...

Aconteceu e acontece em telenovelas que, quando você lê a sinopse, acha que o teu personagem vai ser maravilhoso, e, de repente, ele não evolui. Ou porque aquele núcleo onde está teu personagem não deu certo, ou porque o autor sofreu pressões. Nos últimos tempos isso tem sido mais freqüente. Com a Globo parece que acontece muito. E na minha única novela nessa emissora aconteceu isso.

Para o Mauro, que fez muitas coisas lá antes e depois, o fato não o prejudicou. Mas comigo... A minha personagem não tinha vida própria, funcionava em função dos outros. Uma frustração. Mas espero fazer novos trabalhos na Globo.

Intervalo de gravação da novela Cara e Coroa, *com Louise Cardoso e Juliana Barone*

Capítulo XXII

Afeto e Chibatadas

Foi por volta de 1990 que começaram a surgir novelas independentes, produzidas fora das grandes emissoras. Foi quando fiz o suspense *Uma Luz na Escuridão*, gravada em um estúdio particular no bairro do Cambuci, em São Paulo. Nessa fase trabalhei *em Irmã Catarina*, uma minissérie produzida em 1995 pela Igreja dos Católicos Carismáticos. A gravação era em Campinas em um local que, acho, era retiro de freiras ou padres. Uma fazenda, um local delicioso, parecia que a gente estava em Shangri-La. A Myrian Rios fazia o papel-título. Tinha um texto bem escrito pelo Ronaldo Ciambroni, mas a assinatura na TV era de um consultor, não do Ronaldo. Eu fazia uma ex-freira que tinha sido estuprada. Mas mesmo tendo deixado o hábito, continuava com alguns costumes de freiras. Trabalhava na casa de uma milionária, mulher do prefeito, papel da Geórgia Gomide, e em algumas horas se autoflagelava porque, no passado, quando seu filho nasceu, ela entregou a criança a alguém. Era fruto de um estupro. E esse filho crescia, virava traficante de drogas. No final eu morria, levava um tiro no lugar dele. Talvez contando passe outra idéia, mas era muito interessante.

Intervalo de gravação da minissérie Irmã Catarina, *com Myrian Rios*

Durante as gravações, esse consultor dava palpites, indicações de cunho religioso. Como nas cenas em que a freira que eu fazia se autoflagelava. Em um capítulo eu tinha que ir de joelhos pela nave da igreja, desde a entrada até o altar. Claro, pedi umas joelheiras e eles arrumaram. Lembro que, uma manhã, estava tomando café naquele refeitório imenso da fazenda quando veio o padre e disse: *Olha aqui, você vai usar isso*. E deu no ar uma chibatada com um chicote cheio de pontas. Me assustei. Era para a cena que minha personagem se punia. Pedi então para as costureiras da produção confeccionarem um colete todo acolchoado para que eu pudesse me bater à vontade. Gravei a cena, a ex-freira é flagrada pela Geórgia Gomide. Ela grita para eu parar com isso. Era o gancho de um capítulo. Depois, eu contava porque fazia isso, a minha intenção de pagar meu pecado, de me punir por ter entregue meu filho. Entre uma cena e outra, a Geórgia pegou o chicote, com bolas nas pontas, dizendo: *Deixa ver se isso dói.* E se bateu. Doeu tanto e ela não entendia como eu tinha suportado tanta dor. Claro, a Geórgia não sabia que eu estava com um colete acolchoado por baixo da roupa. Sei que a novela ficou muito bonita. O clima de gravação era tão bom, gente nova em sua maioria. Então, havia mais entusiasmo, eles aplaudiam cada cena... Muito bom. Foram dois meses de convivência e isso gerou muito afeto. Foi inesquecível.

Mais recentemente, em 2005, fiz dois teleteatros na TV Cultura, dentro desse novo projeto intitulado *Senta que Lá Vem Comédia.* Foi muito gostoso. O primeiro foi *Defeito de Família*, uma comédia de costumes do início do século XIX, escrita pelo França Júnior. Foi encenada como musical. O segundo, *Você Tem Medo do*

Rídiculo, Clark Gable?, é uma tragicomédia contemporânea escrita pela Analy Alvarez que tentamos fazer para o lado do humor. É sobre duas ex-atrizes que vivem em um asilo de idosos. Foi um prazer trabalhar com a Sônia Guedes como minha colega e com Gianfrancesco Guarnieri como um ex-ator que, no passado, foi paixão das duas.

Capítulo XXIII

Levando a Poltrona

Além das falhas e incidentes que lembrei de *A Muralha* e *Irmã Catarina*, uma coisa engraçada aconteceu também em *A Viagem*. A gente não tinha noção como era o lado de lá, no pós-morte. Tinha um núcleo onde eu trabalhava com o Cláudio Corrêa e Castro. Ele não acreditava em outra vida, em espiritismo, mas fazia um personagem bem oposto, o guia. Primeiro: o estúdio não sabia como fazer o cenário ideal. Segundo, não sabia como seria o comportamento do lado de lá, no *Nosso Lar*, de acordo com o texto da Ivani Ribeiro que se baseou no livro *Nosso Lar*, do Chico Xavier. São as cidades espirituais, colônias espirituais que existem ao redor da Terra. E como não existia um cenário preciso – ficaram com medo de fazer algo errado –, a gente fazia as cenas todas em externas, ao ar livre. Principalmente em Roseiral e no Horto Florestal de São Paulo. E surgiu um problema sério: entrava som ambiente. Som da vida, da Terra: escapamento de caminhão, de carro, passagem de avião... Aí, a técnica decidiu que, nessas cenas, o diálogo seria gravado antecipadamante . E nós, os atores, teríamos de repetir os diálogos na gravação, com sincronismo, de acordo com o som gravado antes que era transmitido por um alto-falante. Enfim, era o oposto da dublagem que eu estava habituada a fazer. E dava um trabalhão, não podiam fazer planos muito próximos. Nessas externas, havia muita figuração. E costumava ter pessoas na cena vestidas de época, gente que, na trama, tinha morrido há uns 200 anos. Durante um tempo, quem fez alguém assim foi a Márcia Maria, depois veio a Kate Hansen... Houve um dia em que o diretor de segundo plano... Diretor de segundo plano é aquele que, durante uma gravação, dirige as pessoas, figurantes ou não, que estão em segundo plano, quase fundo. Bem, o diretor do segundo plano ou diretor-assistente como também era chamado, botou lá no fundo um figurante varrendo. Claro que os jornais caíram em cima, com ironias: *Tem poeira lá no céu?*, perguntavam.

Na novela *Meus Filhos, Minha Vida*, no SBT, a minha personagem, uma milionária, decidia ir à Europa para encontrar a filha. Claro que ninguém viajava, nas cenas externas usavam o sistema de *cromakey*, tipo *back-projection* do cinema. No cenário da minha rica casa, no escritório, tinha uma exuberante poltrona de veludo verde. E não é que nas cenas em Paris, na minha suíte no luxuoso hotel, lá estava aquela poltrona!

Meus Filhos, Minha Vida

Eu alertei a equipe: *Gente, essa poltrona não pode estar aqui, é da minha casa.* É óbvio que a personagem jamais a levaria para Paris. Mas o diretor respondeu: *Ah, é? Então deixa aí para verem as bobagens que estão fazendo.* E ficou. Foi para o ar assim. Todo mundo viu, todo mundo criticou. Um amigo meu me ligou fazendo gozação: *Nossa, como você é chique, levar aquela poltrona pesada da tua casa para Paris*. Espero fazer outra novela em que eu vá mesmo a Paris. Mas o diretor se deixou levar pela irritação com o departamento cenográfico e o erro ficou. Um erro desse porte todos acabam percebendo. Não tem jeito.

Aluga-se uma Barriga: *Renata Haydée, Carlos Arena e José Parisi*

Capítulo XXIV

Provocando Confusões

No teatro também ocorrem fatos engraçados. Um aconteceu em *Aluga-se uma Barriga*, que fiz em 1979 sob a direção do Jurandir Pereira, também o autor do texto. Nesse espetáculo tornou-se maior a minha amizade pela atriz Ivete Bonfá, que nos deixou tão cedo. Para fazer publicidade e criar expectativa, o Jurandir colocou um anúncio no jornal na página de classificados. Dizia: Aluga-se uma Barriga, telefone tal, tal, tal. O anúncio saiu alguns dias antes da estréia. Vários telefonemas, alguns achando que a chamada é para um bordel, outro pensando que se tratava de tráfico de crianças... Que horror. Bem, a gente estava ensaiando no Teatro Aplicado, onde hoje é o Teatro Bibi Ferreira, em São Paulo, quando tocou a campainha. Entrou uma mulher que tinha vindo de Minas Gerais. Ela queria alugar três barrigas. E explicou: precisava convencer a família e a cidadezinha perto de Alfenas que estava grávida e que ia ter um bebê daí a alguns meses. Na época oportuna, iria adotar uma criança, mas todos deveriam acreditar que o filho era dela, legítimo. Por isso, precisava das três barrigas, para dar a progressão da gravidez. O que a gente fez? Mandamos ela para a costureira da produção onde encomendou as três barrigas que levou para Minas.

Em *Essa Gente Incrível*, que fiz em seguida, no Teatro Hilton, também aconteceu um fato engraçado. A Eva Todor ficava hospedada no próprio Hotel Hilton, aquele prédio alto na Avenida Ipiranga. E ela sempre tinha problema de estômago, comia demais. Também, eles (*o hotel*) davam cada lanche. Uma fartura, principalmente aos domingos. Eu fazia uma personagem bem sofisticada, provocante. Uma mistura de Márcia de Windsor com Marilyn Monroe e Jean Harlow. Então usava peruca, cílios... Enfim, uma maquiagem carregada. Uma noite, eu já estava praticamente pronta no camarim quando ela me pediu para ir ao quarto dela no hotel: ela me chamava de Ratinho. *Ratinho, traz pra mamãe um remédio pro estômago. Eu não estou bem.* Entrei no elevador. Não é que entra um hóspede americano que começa a me cantar em inglês. Eu fingia que não entendia, mas percebi que fez confusão por causa da minha maquiagem carregada e com a calça jeans, justa, que usava. Era a minha roupa, não de cena. *How much?*, dizia. Graças a Deus o elevador chegou no andar e saí correndo. Peguei o remédio solicitado e voltei ao camarim.

Essa maquiagem me causou problemas. Meses depois, quando a gente já não tinha maquiador

Essa gente incrível

ARLETE MONTENEGRO *é Toby*

no teatro – e isso é muito comum, só nas primeiras semanas que tem –, eu resolvi sair de casa já semimaquiada. Ou mais maquiada, porque ela era trabalhosa, cheia de detalhes. E pegava táxi aqui na minha porta, dava uns dez minutos até o teatro. Certa noite entrei no táxi e o sujeito, bem rude, falou: *Aonde vamos, boneca?* Me assustei e saí do carro. A maquiagem funcionava no palco, para a platéia. Mas a olho nu, no dia-a-dia, era exagerada e induzia muitos a pensarem que eu fosse uma prostituta à procura de clientes.

Essa peça me deu muito prazer e ainda me surpreendeu. Um belo dia, muitos anos depois desse espetáculo, fui dublar em uma empresa onde trabalho com freqüência. Normalmente você chega sem saber o que e quem vai dublar. Exceto quando é um seriado. Entrei no estúdio, peguei o texto e vi passar o trecho que tinha que dublar. Ao ler, pensei: *Engraçado, já falei isso.* Perguntei: *Que filme é esse?* Me responderam: *Só Dói Quando Eu Rio*. Era o título do filme adaptado da mesma peça do Neil Simon. E a personagem era a mesma que fiz no teatro. Esse era o título para a TV. Depois, soube que no cinema tinha passado despercebido como *O Doce Sabor de um Sorriso*. Quer dizer, o título original, *Only when I Laugh*, não era comercial. Por isso, o produtor da peça, o Ruy Santana, mudou para *Essa Gente Incrível*.

Velório à Brasileira

Capítulo XXV

A Alegria de Fazer Teatro

Fazer teatro, quase sempre, propicia muita alegria, muito afeto. Eu me divertia e divertia o público fazendo *Velório à Brasileira*, uma comédia do Aziz Bajur. Era em um pequeno teatro na Avenida Angélica, o Sadi Cabral, bem perto de onde ficava a Rádio São Paulo, onde comecei. Só que, quando fiz a peça, na década de 1990, a rádio já não existia mais ali. Era ótimo atuar ao lado do querido Marcos Lander, já falecido, do Eudes Carvalho que dava um show... Uma delícia de comédia. A platéia adorava. Mas precisei sair porque a produção não pagava.

Depois, substituí a Márcia Real em *Ações Ordinárias,* a convite da Elizabeth Savala que era a protagonista e co-produtora. Uma peça americana do Jerry Sterner que virou filme com Gregory Peck e Danny DeVito. Chamava-se *Com o Dinheiro dos Outros*. Eu fazia a mãe, que, no cinema, foi a Piper Laurie. Foi muito gostoso fazer esse espetáculo, principalmente por atuar ao lado da Elizabeth que é uma pessoa muito especial, maravilhosa. A gente se conhece desde antes de ela fazer televisão. Inclusive, quando o meu filho era pequenino, eu estava viajando pelo Sesi com

Com Elizabeth Savalla

a peça *Médico à Força*, do Molière. Estava viúva fazia pouco tempo e o Fabinho estudava piano e dava uns recitais na escola. Eu não tinha como ir. A Beth ia no meu lugar com o namorado, o ator Marcelo Picchi, com quem depois se casou. Eu a conheci freqüentando a igreja messiânica, antes de casar com Marcelo, com quem teve seus filhos. Uma gracinha de pessoa. Depois, ela foi para a Globo e foi aquele estouro. É uma amiga de sempre. E essa amizade a gente pôde cultivar com *Ações Ordinárias*, nas viagens com o espetáculo.

Em seguida fiz outra substituição, outro desafio. Em menos de dez dias ensaiei e interpretei uma personagem forte em *As Bruxas*, texto moderno de um espanhol. A direção era do Gianni Ratto com quem eu nunca tinha trabalhado. Um mito, uma pessoa com quem aprendi muito. Essa peça do Santiago Moncada tem outra coincidência. Antes, fui chamada para fazê-la pela Teresa Raquel. Eu cheguei a ensaiar *As Bruxas*, sob a direção do Odavlas Petti durante 15 dias. Mas o projeto desandou, parou e ninguém mais falou nada. De repente, um ou dois anos depois, a Marli Marley, produtora e intérprete, me chamou para fazer a mesma personagem.

Mas foi novamente representando um texto do Neil Simon, *Descalços no Parque*, que ganhei

Com o espanhol Moncada, autor de As Bruxas

em 1995 o prêmio da Associação dos Produtores Teatrais de São Paulo (Apetesp) de melhor atriz coadjuvante. Foi um festa linda, tipo entrega do Oscar, com alguns finalistas e o vencedor de cada categoria era anunciado na hora. Uma surpresa maravilhosa. Foi superagradável fazer o espetáculo produzido e protagonizado pela Marta Volpiani. A direção era do Jacques Lagoa, que sabe fazer comédia como ninguém. Em seguida, no Rio de Janeiro onde estava gravando novela, fiz *El Dia que Me Quieras*, uma peça venezuelana em que pude descobrir que cantava. Assim, posso fazer musical. Passei por um bom susto, passei mal, fui ao pronto-socorro, mas... nada grave. Depois, fiz textos de Tennessee Williams, uma biografia de Allan Kardek... Às vezes, a gente faz uma peça boa, mas na hora de receber... E isso aconteceu há pouco.

O elenco de Descalços no Parque

Descalços no Parque

Capítulo XXVI

Fé e Crenças

Eu nunca fui religiosa. Sou anti-religiosa. Fui criada no catolicismo, fiz primeira comunhão, mas desde pequena tive birra. Uma vez fiquei uma semana sem dormir porque a minha mãe me obrigou a beijar a imagem do Cristo ensangüentado. Não gostava dessas coisas, não concordava com muita coisa que ensinavam na Igreja Católica. Mas, como a maioria dos brasileiros, fui criada no catolicismo. Também, nunca fui de ir à igreja, principalmente depois da primeira comunhão. Tanto que o Fabinho foi batizado quando nasceu. Mas quando chegou a vez da primeira comunhão, ele não quis saber e não fez. E eu não o obriguei.

Contudo, sempre fui muito interessada pelo lado espiritual das pessoas, mas não por religiões. Então, o que eu fiz? Comecei a ler sobre todas elas. Sempre fui de ler muito e quando comecei a fazer os teleteatros com o Manoel Carlos, ele me dava os livros certos para ler. Autores como Dostoievski, por exemplo, foi nessa fase que eu conheci.

Por conta desse interesse, cheguei a freqüentar a Igreja Messiânica, Umbanda... Quando o meu marido começou a ficar muito doente, passei a me aproximar mais do espiritismo. O Duílio, várias vezes, foi operado espiritualmente por aquele espírito famoso, o doutor Fritz. O médium chegou a freqüentar a minha casa. E prolongou a vida do Duílio por uns dois anos. Mas ele sabia que não ia ter jeito. Eu não sabia disso, tinha muita esperança que o Duílio se curasse. Nessa fase, cheguei a acompanhá-lo a um terreiro no Rio de Janeiro.

Hoje em dia me considero esotérica. E por conta disso fiz numerologia e cheguei à conclusão que faltava uma letra em meu nome. Por isso acrescentei um *l* em Arllete. Descobri que Deus está dentro da gente. É uma luz própria que a gente tem, todos nós. A gente é uma centelha divina que está aqui para crescer. Somos luz. Todos temos essa centelha, até o pior bandido. Só que, nele, pode estar apagadinha, encoberta. Nós estamos aqui para isso. Com essa descoberta, me sinto tão feliz porque posso fazer sozinha as minhas orações, minha meditação, me ligar com Deus sempre... Todos os dias faço isso, menciono todos os meus amigos, as pessoas que amo e não amo, sem precisar de nenhuma religião, nenhuma igreja. Como nenhum homem precisa. As religiões surgiram na jornada da humanidade, houve essa necessidade para que existisse certo ordenamento... Sei lá. Mas acho que, nesse aspecto, a religião atrapalhou muito. Porque, quando você estuda as religiões, percebe que os grandes mestres vieram para dizer uma coisa, e disseram e tiveram o comportamento certo. Mas, infelizmente, as pessoas que ficam, que dão prosseguimento... os chamados apóstolos, vão mudando, vão transformando os conceitos a seu favor, para adquirirem poder, para manipularem as pessoas. E aí, claro, estraga tudo. Nenhum mestre veio dizer que tinha que ter igreja, religião... Ele veio dizer sobre o nosso comportamento. É isso o que interessa.

De uns anos pra cá, eu estou muito feliz, bem mais do que quando era jovem. Era feliz e não sabia. Agora, sou e sei. Porque nesse percurso, a gente vai descobrindo tanta coisa. E tende a melhorar porque, a cada dia, a gente descobre que ainda tem coisa errada dentro de nós mesmo. E sou muito feliz de ter amigos assim, como a Nicette Bruno e o Paulo Goulart, porque eles sabem que estão aqui para seguir uma evolução própria que inclui melhorar todos, o maior número de pessoas. Essa é a minha fé. Tudo é para o bem e para o amor. Tudo é um aprendizado. E é um privilégio ser ator porque cada vez que se vai fazer um personagem, você se atira de cabeça e faz uma pesquisa daquela personalidade, daquela emoção e do contexto que a pessoa vive. Você tem que percorrer o caminho, seja ele sombrio ou luminoso daquela criatura. E você aprende.. Nesse processo, nesse trabalho você se obriga a evoluir. Quero dizer: tem gente que aproveita, tem gente que não.

Capítulo XXVII

Olhar e Paixão

Mas tem algo sobre a energia que nos permeia, que é Deus, a luz, e que tem a ver com o nosso trabalho, que é tão encantador e, ao mesmo tempo, causa confusão. É o seguinte: todas as vezes que atuamos... Veja, o nosso trabalho é o mais pessoal que existe. Porque é o único trabalho que você pega no outro, você cospe no outro, você beija, respira no outro... é uma coisa física, mental, emocional, passional... E tem momentos, principalmente para as que fazem as mocinhas românticas em meio às grandes paixões, que você é obrigada a olhar no fundo do olho do ator. A teoria do olho no olho. E isso, às vezes, causa uma confusão horrorosa. Porque no momento que você faz isso, que tem de estar amando aquela personagem, aquela pessoa em cena, você vê a luz dessa pessoa. Às vezes, você confunde tudo... e se apaixona. É por isso que, meu Deus, muitos atores se apaixonam em cena, pensam em casamento... Naquela hora ambos viram aquela luz, um amor tão grande, o Deus que há em cada um. E a gente confunde tudo. Quando você vê, alguém já desmanchou casamento, ficou com o parceiro do trabalho... Depois, vê que não era nada daquilo. Mas é sério e verdadeiro naquele momento.

Se você prestar atenção, se olhar no espelho, olho no olho, no teu olho, mesmo que seja por pouquíssimo tempo, e dizer: *Eu te amo.* A primeira vez que eu fiz isso, fiquei com tanto medo. Agora, não, me faz um bem extraordinário e a gente vai crescendo. Porque você está amando o Deus que há em você. Essa confusão entre intérpretes é terrível porque causa tantos transtornos. Não era para ser isso. Trata-se de um amor maior, incondicional, mas que surge misturado com o conflito do par romântico da trama e gera essa situação. Eu tenho certeza absoluta disso. É porque vi isso acontecer milhares de vezes. E milhares de vezes me apaixonei assim, dessa forma. Isso quando estava casada e não casada. Mas não aconteceu nada porque eu não pertenço a essa nova geração que vai em frente. A minha, não, era mais contida. E fui criada de uma maneira... algo repressiva. Como tinha o problema de minha mãe solteira, diziam que ia ser *p...* como ela, e eu não queria isso, nunca avancei o sinal antes da hora. Certo ou errado, eu me policiava demais. Minhas paixões foram platônicas.

Meu marido foi uma pessoa muito especial. Não conheci outro igual. Ouvi muita gente me dizer: *Ah, você não teve mais ninguém, não casou de novo. Devia...* Mas ele me amava de uma tal maneira. Às vezes chata, porque era de um ciúme... Mas era aquele com quem eu podia contar pra tudo. Não sei explicar... ele era meu pai, meu irmão, meu marido. Tudo. Ele me conhecia profundamente. E acho que o Duílio sabia, intuía que iria embora cedo. Essa coisa de ficar agarrado em mim... Não nego, ele atrapalhou bastante a minha carreira. Eu deixei, a gente deixa, concordando, porque eu amei o Duílio, eu o amo onde ele estiver. Porque antes de nos amarmos, fomos grandes amigos. Ele conhecia as minhas grandes paixões, e eu as dele. Por isso é que, às vezes, ele pegava no meu pé. *Você é boba, você vai beijar na boca e vai se apaixonar...*, dizia. Só depois eu descobri que a coisa não está no beijo, mas no olhar.

O Duílio foi um grande presente pra mim, assim como meu filho. Mas o Fábio é o maior dos presentes. É uma pessoa... rara. Tenho orgulho imenso do meu filho. Principalmente quando ele escreveu no seu mestrado: *Agradeço à minha mãe por ter me despertado o gosto pela leitura.* Eu não sabia que tinha feito isso, que tinha despertado esse gosto. Ele é muito especial. Desde pequeno, o Fabinho parece mais velho do que eu, protetor. Todos são unânimes em dizer isso.

Já a minha carreira, eu talvez não tenha sabido conduzi-la. Nunca soube negociar salários. Na minha época não existia a figura do agente. Mesmo hoje, são poucos os que têm. Teve o meu marido que tentou, mas não soube.

Com o filho Fábio e a nora Lilian, no carnaval de Araxá

Não fui carreirista, nunca fui. Mas tenho certeza que vou trabalhar até o fim da minha vida, sempre vai ter papel pra mim. Vou continuar dublando, que é algo que eu gosto, vou continuar fazendo teatro, que adoro, televisão e, com certeza, vou fazer cinema, que agora está maravilhoso.

É muito bom saber que a vida é eterna e que sempre teremos chances de mudar as coisas, de evoluir. Sou muito agradecida por trabalhar naquilo que gosto. Sou muito agradecida por ser atriz.

Arllete, hoje

A Carreira

A seguir, a lista das atividades e atuações de Arlete Montenegro na TV, no teatro e no cinema. Em ordem cronológica e separadas por setor e ano, estão os títulos das obras em que trabalhou, o nome da personagem na maior parte das vezes, do autor e do diretor. Eventualmente, o de alguns companheiros de elenco. Só não foram listadas as suas criações no rádio (inúmeras) e na dublagem, também várias. Ao final, a lista de prêmios.

TV

1955

• *O Corcunda de Notre Dame* (Esmeralda) – Record
Teleteatro, do livro de Victor Hugo, adaptado e dirigido por Sylas Roberg
Com Dante Ruy, Sônia Maria

1956

• *Alguém Fechou Os Olhos de Lucy* (Lucy) – Record
Telenovela de Sylas Roberg
Direção: Ciro Bassini
Com Gonzaga Blota, Waldemar de Moraes

• *Vôo 509* – Record
Telenovela de Sylas Roberg
Direção: Waldemar de Moraes
Com Randal Juliano

Alguém Fechou os Olhos de Lucy

• *Noites Brancas* – (Nastenka)
Teleteatro adaptado do conto de Fiodor Dostoievski
Direção: Ciro Bassini
Com Carlos Zara

1957

• *My Darling* (Dina) – Record
Minissérie romântica de Nívea Maia, um episódio por semana
Com Durval de Souza

• *Desce o Pano* -- Record
Novela de Ivani Ribeiro
Com Randal Juliano, Deisy Santana

• *Em Cada Coração um Pecado* (Cassandra) – Record
Teleteatro adaptado do romance de Henry Bellamann
Direção: Manoel Carlos
Com Randal Juliano, Lucy Reis

• *O Guarani* (Ceci) – Record
Teleteatro adaptado do romance de José de Alencar
Direção: Vicente Sesso
Com Carlos Puffo

• *A Noite Tudo Encobre* – Record
Teleteatro adaptado da peça de George Emlyn Williams

Direção: Wanda Kosmo
Com Nydia Licia, Tarcísio Meira

1958

• *Anos de Ternura* – Record
Teleteatro adaptado de um romance de A. J. Cronin
Direção e adaptação: Ciro Bassini
Com Fábio Cardoso, Nair Bello, Maria Aparecida Baxter, Gessy Fonseca, Gilberto Chagas

• *A Cidadela* – Record
Teleteatro adaptado de um romance de A . J. Cronin
Direção: Ciro Bassini
Com Fábio Cardoso

• *Éramos Seis* (Isabel) – Record
Novela adaptada do livro da senhora Leandro Dupré
Direção: Ciro Bassini
Com Gessy Fonseca, Gilberto Chagas, Fábio Cardoso, Randal Juliano, Sílvio Luiz, Maria Aparecida Baxter

• *Anos de Tormenta* – Record
Teleteatro adaptado de romance de A . J. Cronin
Direção: Ciro Bassini
Com Fábio Cardoso

• *Aqueles Olhos* – Record
Novela escrita e dirigida por Ciro Bassini

Randal Juliano, Gilberto Chagas, Rosa Maria, Luiz Dias

• *Cela da Morte* – (Judy, a namorada de Caryl) – Record
Teleteatro baseado no livro norte-americano de Caryl Chessman
Direção: Hélio Ansaldo
Com Randal Juliano, Carmen Silva, Léa Camargo, Gilberto Chagas, Luiz Dias

• *Bom Dia, Tristeza* (Cecília) – Record
Teleteatro adaptado do romance de Françoise Sagan
Direção: Manoel Carlos
Com Randal Juliano, Lucy Reis

• *O Idiota* – (Nastásia Filipovna) – Record
Teleteatro adaptado do livro de Fiodor Dostoievski
Direção: Manoel Carlos
Com Carlos Zara

• *Ralé* – (Dona da Pensão) – Record
Teleteatro do romance de Maximo Gorki
Direção: Manuel Carlos
Com Randal Juliano, Gilberto Chagas

• *Sinfonia Pastoral* (Gertrudes) – Record
Teleteatro adaptado do romance de André Gide
Direção: Manoel Carlos
Com Randal Juliano, Ézio Ramos

Bom Dia Tristeza, *com Randal Juliano e Lucy Reis*

1959

• *Ligações Perigosas* – Record
Teleteatro adaptado do romance de Choderlos de Laclos
Direção: Manuel Carlos
Com Sílvio Silveira, Luiz Dias, Carmen Silva, Valery Martins

• *O Anjo de Pedra* (Alma) – Record
Teleteatro da peça de Tennessee Williams
Direção: Manoel Carlos
Com Carlos Zara, Carmen Silva, Cidinha Campos

• *Entre Quatro Paredes* – Record
Teleteatro da peça de Jean-Paul Sartre
Direção: Manoel Carlos
Com Sílvio Silveira

• *O Resgate* (Edith) – Record
Teleteatro adaptado do filme do mesmo nome
Direção: Manoel Carlos
Com Randal Juliano, Cidinha Campos

O Resgate, *com Randal Juliano, Luiz Dias e Cidinha Campos*

Leito de Flores em Campo de Neve, *com Luiz Dias e Mirtes Grisoli*

•*As Quatro Irmãs* (Meg) – Record
Teleteatro adaptado do romance de Louisa May Alcott
Direção: Manoel Carlos
Com Cidinha Campos

• *Leito de Flores em Campo de Neve* – Record
Teleteatro
Direção: Manoel Carlos
Com Luiz Dias, Mirthes Grisoli, Gilberto Chagas

1960

• *Folhas ao Vento* – Record
Novela escrita e dirigida por Ciro Bassini
Com Carlos Zara

1961

• *Otelo* (Desdemona) – Record
Teleteatro da peça de William Shakespeare
Direção: Carlos Zara
Com Carlos Zara

1963

• *A Noite Tudo Encobre* – Excelsior (nova versão)
Teleteatro adaptado da peça de Emlyn Williams
Direção: Carlos Zara
Com Serafim Gonzalez, Carminha Brandão, Gianfrancesco Guarnieri, Ruthinéa de Moraes

1964

• *As Solteiras* (Dora) – Excelsior
Novela de Dulce Santucci
Direção: Titio di Miglio
Com Armando Bógus, Flora Geny, Neusa Amaral, Lídia Costa

• *Folhas ao Vento* – (nova versão) Excelsior
Novela de Ciro Bassini
Direção: Waldemar de Moraes
Com Carlos Zara, Edmundo Lopes, Wilma de Aguiar, Lucy Rangel, Ivan Mesquita, Jacira Silva

A Noite Tudo Encobre, na TV Excelsior, com Serafim Gonzalez e Ruthinéa de Moraes

• *Ambição* – (Belinha) Excelsior
Novela de Ivani Ribeiro
Direção: Dionísio de Azevedo
Com Tarcísio Meira, Lolita Rodrigues, Dionísio de Azevedo, Mauro Mendonça, Turíbio Ruiz, Lídia Costa

1965
• *O Caminho das Estrelas* (Sílvia) – Excelsior
Novela de Dulce Santucci
Direção: Ciro Bassini
Com Agnaldo Rayol, Procópio Ferreira, Geny Prado, Walter Foster, Glauce Graieb, Maria Estela, Paulo Figueiredo

1966
• *As Minas de Prata* (Elvira) – Excelsior
Novela de Ivani Ribeiro adaptada do romance de José de Alencar
Direção: Walter Avancini
Com Tarcísio Meira, Glória Menezes, Paulo Goulart, Stênio Garcia, Fulvio Stefanini, Regina Duarte, Sônia Oiticica

1967
• *Sublime Amor* – Excelsior
Novela argentina adaptada por Gianfrancesco Guarnieri
Direção: Cassiano Gabus Mendes
Com Hélio Souto, Irene Ravache, John Herbert, Aracy Balabanian, Fernando Baleroni, Serafim Gonzalez, Cacilda Lanuza

As Minas de Prata

As Minas de Prata, com Sonia Oiticica e Armando Bógus

1968

• *A Muralha* (Cristina) – Excelsior
Novela de Ivani Ribeiro adaptada do livro de Dinah Silveira de Queiroz
Direção: Sérgio Brito
Com Maria Isabel de Lizandra, Stênio Garcia, Paulo Goulart, Fernanda Montenegro, Mauro Mendonça, Nicette Bruno, Edgar Franco, Nathália Timberg

A Muralha, *com Edgar Franco*

• *Legião dos Esquecidos* – Excelsior
Novela de Raimundo Lopes
Direção: Waldemar de Moraes
Com Francisco Cuoco, Regina Duarte, Serafim Gonzalez, Nicette Bruno, Armando Bógus, Irina Greco, Rodolfo Mayer, Vera Nunes, Sônia Oiticica

1969

• *A Menina do Veleiro Azul* – Excelsior
Novela de Ivani Ribeiro, Teixeira Filho e Dárcio Ferreira
Direção: David Grimberg
Com Patrícia Aires, Maria Isabel de Lizandra, Fábio Cardoso, Nádia Lippi, Leila Diniz, Márcia de Windsor, Edson França, Cleyde Yáconis, Flora Geny

• *Dez Vidas* – (Carlota) – Excelsior
Novela de Ivani Ribeiro
Direção: Gonzaga Blota, Gianfrancesco Guarnieri
Com Carlos Zara, Maria Isabel de Lizandra, Gianfrancesco Guarnieri, Fernando Torres, Nathália Timberg, Procópio Ferreira, Vida Alves, Stênio Garcia

1970

• *Mais Forte que o Ódio* (Roberta) – Excelsior
Novela de Marcos Rey e Palma Bevilácqua
Direção: Gonzaga Blota, Henrique Martins
Com Armando Bógus, Cleyde Yáconis, Roldolfo Mayer, Sebastião Campos, Iris Bruzzi, Maria Aparecida Baxter, João José Pompeu, Jovelthy Arcangelo

1971

• *O Preço de um Homem* (Rosa) – Tupi

Novela de Ody Fraga adaptada do romance Senhora, de José de Alencar

Direção: Cassiano Gabus Mendes, Henrique Martins

Com Adriano Reys, Elaine Cristina, Jaime Barcellos, Maria Helena Dias, Flávio Galvão, Yara Lins, Selma Egrei, Rildo Gonçalves, Carlos Alberto Riccelli

O Preço de um Homem, *com Adriano Reys e Yara Lins*

O Preço de um Homem, *com Jaime Barcellos*

1973

• *Rosa dos Ventos* – Tupi

Novela de Teixeira Filho

Direção: Henrique Martins

Com Adriano Reys, Nádia Lippi, Tony Ramos, Nathália Timberg, Elias Gleiser, Aracy Cardoso, Ruthinéia de Moraes, Suely Franco, Nicette Bruno, José Parisi

Rosa dos Ventos

1974

• *Divinas & Maravilhosas* (Márcia) – Tupi
Novela de Vicente Sesso
Direção: Henrique Martins e Oswaldo Loureiro
Com Nicette Bruno, John Herbert, Bete Mendes, Procópio Ferreira, Geraldo Del Rey, Flávio Galvão, Elisabeth Hartmann, Kito Junqueira

1975

- *Meu Rico Português* (Dora) – Tupi

Novela escrita e dirigida por Geraldo Vietri
Com Jonas Mello, Márcia Maria, Flávio Galvão, Diná Lisboa, Etty Fraser, Wilson Fragoso, Cláudio Corrêa e Castro, Elisabeth Hartmann, Paulo Figueiredo

- *A Malvada* (Eva) – Tupi

Teleteatro de Dulce Santucci, baseado no filme de Joseph L. Mankiewicz
Com Nathália Timberg

- *A Viagem* (Espírito de Luz) – Tupi

Novela de Ivani Ribeiro
Direção: Edison Braga

Com Eva Wilma, Tony Ramos, Irene Ravache, Adriano Reys, Ewerton de Castro, Elaine Cristina, Claudio Corrêa e Castro, Ana Rosa, Altair Lima

1976

- *Papai Coração* (Laura) – Tupi

Novela de Abel Santa Cruz e José Castellar
Direção: Luiz Gallon, Edison Braga
Com Paulo Goulart, Nicette Bruno, Walderez de Barros, Selma Egrei, Serafim Gonzalez, Narjara Tureta, Beth Goulart, Henrique Cesar

1978

- *O Bom Baiano* (Ivone) – Tupi

Novela escrita e dirigida por Geraldo Vietri

Meu Rico Português

Meu Rico Português

amiga TV SUCESSO
Arlete Montenegro
Matilde, de Papai Coração, novela jovem das 18 horas, pela Rede Tupi de TV.

Com Jonas Mello, Márcia Maria, Yara Lins, Elisabeth Hartmann, Denis Derkian, Nair Bello, Rodolfo Mayer, Nydia Lícia, Marcos Plonka

• *Aritana* (Violeta) – Tupi
Novela de Ivani Ribeiro
Direção: Edison Braga, Álvaro Fugulin, Luís Gallon
Com Carlos Alberto Riccelli, Bruna Lombardi, John Herbert, Cleyde Yáconis, Jorge Dória, Ana Rosa, Haroldo Botta, Márcia Real

1980
• *Um Homem Muito Especial* (Beatriz) – Bandeirantes
Novela de Rubens Ewald Filho, Jayme Camargo, Consuelo de Castro
Direção: Walter Avancini, Atílio Riccó
Com Rubens de Falco, Bruna Lombardi, Carlos Alberto Riccelli, Cleyde Yáconis, Paulo Castelli, Vic Militello, Ester Góes, Turíbio Ruiz, Isabel Ribeiro

1981
• *Os Adolescentes* (Clô) – Bandeirantes
Novela de Jorge de Andrade
Direção: Antônio Abujamra, Atilio Riccó, Sílvio Francisco
Com Fábio Cardoso, Selma Egrei, Márcia de Windsor, Norma Bengell, André De Biase, Tássia Camargo, Flávio Guarnieri, Carmen Silva, Mayara Magri

• *Partidas Dobradas* (Arlete) – TV Cultura
Minissérie adaptada por Marcos Rey de um romance de Mário Donato
Direção: Edison Braga
Com Lia de Aguiar, Abrahão Farc, Herson Capri, Maria Isabel de Lizandra, Edgar Franco, Salomé Parísio, Amaury Alvarez, Raymundo de Souza

1982

• *Casa de Pensão* – TV Cultura
Minissérie de Rubens Ewald Filho adaptada do livro de Aluísio Azevedo
Direção: Edison Braga
Com Paulo Castelli, Kate Hansen, Glauce Graieb, Ênio Gonçalves, Wilma de Aguiar, Jacques Lagôa, Maria Célia Camargo, Walter Foster

• *Iaiá Garcia* (Valéria) – TV Cultura
Minissérie de Rubens Ewald Filho adaptada do livro de Machado de Assis
Direção: Edison Braga
Com Fulvio Stefanini, Elaine Cristina, Dênis Derkian, Amilton Monteiro, Silvana Teixeira, Alceu Nunes, Patrícia Godoy, Geraldo Rosa

• *Conflito* (Carmen) – Sistema Brasileiro de Televisão
Novela de Marisa Garrido
Direção: Waldomiro Baroni
Com Jonas Mello, Ana Rosa, Percy Aires, Lourdes Mayer, Alberto Baruque, Luís Guilherme, Ruthinéa de Moraes, Marcelo Coutinho, Wilson Fragoso

SISTEMA BRASILEIRO DE TELEVISÃO

BOLETIM INFORMATIVO Nº 68

PROGRAMAÇÃO DE 22/11 A 28/11/82

Conflito

1983

• *A Ponte do Amor* – Sistema Brasileiro de Televisão
Novela de Marisa Garrido
Direção: Antonino Seabra
Com Fábio Cardoso, Selma Egrei, Edgar Franco, Lia de Aguiar, Roberto Rocco, Régis Monteiro, Ruthinéa de Moraes, Analy Alvarez, Percy Aires

• *Anjo Maldito* (Rita) – Sistema Brasileiro de Televisão
Novela de Marisa Garrido
Direção: Antonino Seabra
Com Ênio Gonçalves, Elaine Cristina, Tony Ferreira, Mirian Pires, Waldir Fernandes, Analy Alvarez, Antônio Petrim, Reny de Oliveira, Sebastião Campos

• *Meus Filhos, Minha Vida* – Sistema Brasileiro de Televisão
Novela de Crayton Szarzi, Ismael Fernandes e Henrique Lobo
Direção: Antonino Seabra, Jardel Mello
Com Patrícia Scalvi, Daliléia Ayala, Roberto Escudero, Sônia de Paula, Mirian Pires, Dênis Derkian, Cleyde Yáconis, Ivete Bonfá, Amaury Alvarez

1990

• *Brasileiros e Brasileiras* (Suzana) – Sistema Brasileiro de Televisão
Novela de Crayton Szarzi, Carlos Alberto Sofredini e Walter Avancini
Direção: Roberto Vignati

Com Edson Celulari, Lucélia Santos, Márcia Maria, Ênio Gonçalves, Walderez de Barros, Carla Camurati, Rubens de Falco, Raymundo de Souza, Consuelo Leandro

1995

• *Cara e Coroa* (Leda) – Rede Globo
Novela de Antônio Calmon
Direção: Wolf Maya
Com Christiane Torloni, Victor Fasano, Miguel Falabella, Mauro Mendonça, Carlos Zara, Walderez de Barros, Juliana Baroni, Cláudia Alencar, Luís Melo

1996

• *Irmã Catarina* (ex-freira) – Rede Vida
Novela de Ronaldo Ciambroni (assinada por Peter Olgmaister)
Direção: Atílio Riccó
Com Myrian Rios, Dênis Derkian, Roberto Pirillo, Jonas Mello, Geórgia Gomide, Mateus Carriére, Márcia Real, Zilda Mayo, Paulo Celestino Filho

1998

• *O Olho da Terra* (Sara) – Rede Record
Minissérie de Ronaldo Ciambroni
Direção: Atílio Riccó
Com Roberto Pirillo, Aldine Müller, Gerson Brenner, Márcia Real, Suzy Camacho, Rosana Penna, Alexandre Frota, Wilma de Aguiar, Zilda Mayo

O Olho da Terra

2002

• *Marisol* (Débora) – Rede Brasileira de Televisão
Novela de Ines Rodeña, Henrique Zambelli e Ercila Pedroso
Direção: Antonino Seabra, Jacques Lagoa, Henrique Martins
Com Barbara Paz, Alexandre Frota, Serafim Gonzalez, Maria Estela, Glauce Graieb, Petrônio Gontijo, Rosaly Papadopol, Josmar Martins

2005

• *Defeito de Família* (A Patroa Gertrudes) – TV Cultura
Teleteatro, peça de França Júnior
Direção: John Herbert
Com Luiz Serra, Cláudio Fontana, Paulo Hesse

• *Você Tem Medo do Rídiculo, Clark Gable?* (Orquídea) – TV Cultura
Teleteatro, comédia de Analy Alvarez
Direção: Roberto Lage
Com Sônia Guedes, Gianfrancesco Guarnieri, Luiz Serra

2006

• *Páginas da Vida* (Yolanda) - Rede Globo
Novela de Manoel Carlos
Direção: Jayme Monjardim
Com Edson Celulari, Regina Duarte, Tarcisio Meira, Ana Paula Arósio.

• *O Profeta* (Filomena) - Rede Globo
Novela de Ivani Ribeiro
Direção: Roberto Talma, Márcio Bandarra, Alexandre Boury
Com Dalton Vigh, Thiago Fragoso, Paola Oliveira, Mauro Mendonça

Teatro

1969

• *Noites Brancas* – (Nastenka)
Drama do conto de Fiodor Dostoievski
Direção: Osmar Rodrigues Cruz
Com Jovelty Archangelo, Marcus Toledo

1970

• *A Falecida Senhora Sua Mãe*
Comédia de Georges Feydeau
Direção: Osmar Rodrigues Cruz
Com Jovelty Archangelo, Vic Militello

• *Senhora* – (Aurélia)
Drama do romance de José de Alencar
Direção: Osmar Rodrigues Cruz
Com Sebastião Campos, João José Pompeu, Ruthinéa de Moraes, Nize Silva, Elisabeth Hartmann, Carmen Silva, Roberto Orosco, Marcus Toledo

1972

• *A Ilha das Cabras* (Sílvia)
Drama de Ugo Betti
Direção: Roberto Vignati
Com Yara Lins, Flávio Galvão, Ana Mauri

Senhora, com Nize Silva e Sebastião Campos

1974

• *Médico à Força* (A Ama Jacqueline)
Comédia de Molière
Direção: Osmar Rodrigues Cruz
Com Elias Gleiser, Jacques Lagoa, Kleber Macedo, Jovelty Archangelo, Marieclaire Brandt, Adílson Wladimir, Marcos Granado, Sérgio Branco

1975

• *Em Moeda Corrente do País* (Dalva)
Farsa de Abílio Pereira de Almeida
Direção: Sílvio Zilber
Com Cleyde Yáconis, Henrique Martins, Edgar Franco, Eliana Rocha, Vic Militello

1976

• *Dois na Gangorra* (Gittel)
Drama de William Gibson
Direção: Jurandir Pereira
Com Carlos Arena

1978

• *Um Chinelo na Cama*
Comédia escrita e dirigida por Jurandir Pereira
Com Carlos Arena

Médico à Força, *com Jacques Lagoa, Sergio Branco, Elias Gleiser, Kleber Macedo e Adilson Wladimir (f: João Caldas)*

Dois na Gangorra, *com Carlos Arena*

UM CHINELO NA CAMA

Com
Arlete
Montenegro
e
Carlos
Arena

Autor e
diretor
JURANDYR
PEREIRA

DIA 16 DE
AGOSTO
SESSÃO ÀS
19,30 Hs.

DIA 17 DE
AGOSTO
SESSÕES ÀS
19,30 e
21,30 Hs.

No
Teatro
Municipal de
Araraquara

Promoção
FUNDART

INGRESSOS À
VENDA

Gráfica Ferrari-OFF-SET-

Um Chinelo na Cama, *com Carlos Arena*

1979

• *Aluga-se uma Barriga* – (Cesarina)
Comédia musical escrita e dirigida por Jurandir Pereira
Com Carlos Arena, Ivete Bonfá, José Parisi, Xandó Batista, Augusto Rocha, Teresa Mello, Renata Haydu

1980

• *Essa Gente Incrível* (Toby)
Farsa de Neil Simon
Direção: Kiko Jaess
Com Eva Todor, Nirce Levin, Vic Danone, Paulo Wolf, Paulo Novaes, Lu Martan

1982

• *Toalhas Quentes*
Comédia de Marc Camolletti
Direção: Maurice Vaneau
Com John Herbert, Ivete Bonfá, Jonas Mello, Zélia Martins

1987

• *Velório à Brasileira* (Biga)
Comédia de Aziz Bajour
Direção: Ivan Kohn
Com Marcus Lander, Sérgio Buck, Fátima Maluf, Eudes Carvalho, Ronaly Moreno, Reinaldo Moraes

Aluga-se uma Barriga, *com Carlos Arena*

ALS Produções apresenta **Eva Todor** na peça de NEIL SIMON

com

Nirce Levin   Vicente Baccaro   Paulo Novaes   Paulo Wolff

ARLETE MONTENEGRO (atriz convidada)

Direção: KIKO JAESS   Cenários: RUY SANT'ANNA   Figurinos: MATILLA (Paris) e SPINOSA (S. Paulo)

Direção de Produção e Administração: JOÃO ROBERTO SIMÕES   Supervisão Geral: RUY SANT'ANNA

Teatro Hilton

Av. Ipiranga, 165 – Tel.: 256-0033 (Ramal 676)

Essa Gente Incrível

Toalhas Quentes

1992

• *Ações Ordinárias* (Bea Sullivan)
Farsa de Jerry Sterner
Direção: Odavlas Petti
Com Elizabeth Savallas, Rogério Fróes, Carlos Capeletti, Sérgio de Oliveira

1993

• *As Bruxas* (Amélia)
Comédia de Santiago Moncada
Direção: Gianni Ratto
Com Marli Marley, Imara Reis, Ester Goés, Jussara Freire

Velório à Brasileira

1994

• *Descalços no Parque* (Ethel Banks)
Comédia de Neil Simon
Direção: Jacques Lagoa
Com Marta Volpiani, Eduardo Galvão, Walter Breda, Pando, Tácito Rocha

1996

• *As Moças do Segundo Andar* (Margot)
Comédia de Ronaldo Ciambroni
Direção: Kiko Jaezz
Com Aldine Müller, Maria Luísa Castelli, Stela Mari

1997

• *El Dia que Me Quieras* (Elvira Ancízar)
Comédia musical de J. Cabrujas
Direção: Antônio Mercado
Com Rinaldo Genes, Ângela Valério, Perla di Maio, Gustavo Trestini, Naldo Alves, Wal Menezes

1998

• *Allan Kardec – Um Olhar para a Eternidade* (vários personagens)
Drama de Michel Simon
Direção: Rogério Fabiano e Paulo Afonso de Lima
Com Rogério Fabiano, Tina Ferreira, Tadeu di Pietro, Rosaly Papadopol, Renato Pietro, Markus Avaloni

2000

• *Pérola* (A Tia Norma)
Drama escrito e dirigido por Mauro Rasi
Com Vera Holtz, Sérgio Mamberti, Roberta Malta, Edgar Amorim, David Taiu

• *O Auto da Paixão de Cristo* (Maria, Mãe de Jesus)
Encenação ao ar livre, texto de Benjamin Santos
Direção: Ginaldo de Sousa
Com Dênis Derkian, Mílton Gonçalves, Sônia Lima, Roberto Pirillo, Luís Carlos de Moraes, Lígia de Paula, Sérgio Buck

Pérola, com Vera Holtz

2002

• *À Margem da Vida* (Amanda)
Drama de Tennessee Williams
Direção: Emílio Fontana
Com Crystiane Fischer, Paulo Coronato, Ricardo Del Rey

2004

• *Quebrando Códigos* (Sarah)
Drama de Hugh Whithmore
Direção: Roberto Vignati

O Auto da Paixão de Cristo, *com Denis Derkian*

Com Carlos Palma, Oswaldo Mendes, Flávia Pucci, Rubens de Falco, Edgar Bustamonte, Waldemar Dias Jr.

2005

• *A Estranha* (Veridiana)
Comédia de Antônio Rocco
Direção: André Garolli
Com Nilton Bicudo, Melisa Vass, Reinaldo Taunay, Sérgio Corsetti

Cena de A Estranha

A Estranha, *com Nilton Bicudo*

2007

• *A Última Carta*
De Vassilli Grossman
Direção: Roberto Vignati

• *Retrato Emoldurado*
Comédia de Clóvis Tôrres
Direção: Jairo Mattos
Com Rosi Campos

A Última Carta

Retrato Emoldurado, *programa*

Cinema

1976

• *O Conto do Vigário*
Comédia dirigida por Kleber Afonso
Com Jeovah Braz do Amaral, Lúcia Lambertini, Nalva Aguiar, Barros de Alencar

1978

• *Meus Homens, Meus Amores*
Drama dirigido por José Miziara
Com Rosemary, Sílvia Salgado, Roberto Maya, John Herbert, Bárbara Fázio, Neusa Amaral, João Signorelli, Marcelo Coutinho

1980

• *Palácio de Vênus*

Drama dirigido por Ody Fraga
Com Helena Ramos, Elisabeth Hartmann, Lola Brah, Neide Ribeiro, Matilde Mastrangi, Arlindo Barreto, Zélia Diniz

1981

• *O Sexo Nosso de Cada Dia*
Drama dirigido por Ody Fraga
Com Neide Ribeiro, Sandra Gräffi, Elys Cardoso, Bentinho, Roque Rodrigues, Eudes Carvalho, Luiz Carlos Braga

• *Sexo, Sua Única Arma*
Drama dirigido por Geraldo Vietri
Com Selma Egrei, Serafim Gonzalez, Ewerton de Castro, Geórgia Gomide, Leonor Lambertini, Francisco Martins, Douglas Mazzola

1982

• *Prazeres Permitidos*
Drama dirigido por Antônio Meliande
Com Monique Lafond, José Miziara, Ana Maria Kreisler, Sérgio Hingst, Sandra Graffi, Fábio Villalonga, Malu Braga

• *Tessa, a Gata*
Drama dirigido por John Hebert, de um romance de Cassandra Rios
Com Nicole Puzzi, Patrícia Scalvi, Rosina Malbousian, Zaira Bueno, Carlos Kroeber, John Herbert, Rita Cadilac, Francisco di Franco

• *As Safadas*
Drama, episódio dirigido por Antônio Meliande
Com Vanessa Alves, Carlos Milani, Sérgio Hingst, Marliane Gomes, Felipe Levy, Rubens Pignatari, Olindo Dias

1983

• *Tudo na Cama*
Comédia dirigida por Antônio Meliande
Com Ênio Gonçalves, Matilde Mastrangi, Sandra Graffi, Zilda Mayo, Liana Duval, Monique Lafond, Walter Foster, Célia Coutinho

1987

• *Julia e os Pôneis*
Comédia dirigida por Juan Bajon
Com Sandra Morelli, Eliseu Faria, Max Din, Rubens Rollo, Márcio Santos

Prêmios

1957 – *Tupiniquim* de melhor radioatriz pelo conjunto da obra

1959 – *Roquete Pinto* de melhor radioatriz pelo conjunto da obra

1962 – *Roquete Pinto* de melhor radioatriz pelo conjunto da obra

1993 – *Aplauso*, do Sindicato de Atores do Estado de São Paulo como melhor dubladora

1995 – *Apetesp* de melhor atriz coadjuvante de teatro por *Descalços no Parque*

1999 – *Charles Chaplin* de melhor atriz em teatro

Com Márcia Real, Jota Silvestre e Durval de Souza, no programa Melhores da Semana, *TV Tupi*

Índice

Crédito das Fotografias

Antonio Carlos Bellia 212

Antonio Nunes 67, 74, 76

Ary Brandi 209

Casa Viotti 25

Cimmino 33

Foto Studio Brasil 23

Fredi Kleeman 194

João Caldas 195

Marcus Cappellano e Sergio Matsui 151, 152

Mituo Shiguhara 109

Paulo Salomão 118

Rede Tupi de Televisão 112, 114, 181, 183, 184

SBT 188, 192

Shinobu 145, 202

Thereza Pinheiro 128, 137, 139, 199

Thomas Michael 143, 200

TV Record 191

Vânia Toledo 208

Zanolla 29, 30

A presente obra conta com diversas fotos, grande parte de autoria identificada e, desta forma, devidamente creditada. Contudo, a despeito dos enormes esforços de pesquisa empreendidos, uma parte das fotografias ora disponibilizadas não é de autoria conhecida de seus organizadores, fazendo parte do acervo pessoal do biografado. Qualquer informação neste sentido será bem-vinda, por meio de contato com a editora desta obra (livros@imprensaoficial.com.br/ Grande São Paulo SAC 11 5013 5108 I 5109 / Demais localidades 0800 0123 401), para que a autoria das fotografias porventura identificadas seja devidamente creditada.

Coleção Aplauso

Série Cinema Brasil

Alain Fresnot – Um Cineasta sem Alma
Alain Fresnot

O Ano em Que Meus Pais Saíram de Férias
Roteiro de Cláudio Galperin, Bráulio Mantovani, Anna Muylaert e Cao Hamburger

Anselmo Duarte – O Homem da Palma de Ouro
Luiz Carlos Merten

Ary Fernandes – Sua Fascinante História
Antônio Leão da Silva Neto

Batismo de Sangue
Roteiro de Helvécio Ratton e Dani Patarra

Bens Confiscados
Roteiro comentado pelos seus autores Daniel Chaia e Carlos Reichenbach

Braz Chediak – Fragmentos de uma vida
Sérgio Rodrigo Reis

Cabra-Cega
Roteiro de Di Moretti, comentado por Toni Venturi e Ricardo Kauffman

O Caçador de Diamantes
Roteiro de Vittorio Capellaro, comentado por Máximo Barro

Carlos Coimbra – Um Homem Raro
Luiz Carlos Merten

Carlos Reichenbach – O Cinema Como Razão de Viver
Marcelo Lyra

A Cartomante
Roteiro comentado por seu autor Wagner de Assis

Casa de Meninas
Romance original e roteiro de Inácio Araújo

O Caso dos Irmãos Naves
Roteiro de Jean-Claude Bernardet e Luis Sérgio Person

O Céu de Suely
Roteiro de Mauricio Zacharias, Karim Aïnouz e Felipe Bragança

Chega de Saudade
Roteiro de Luiz Bolognesi

Cidade dos Homens
Roteiro de Paulo Morelli e Elena Soárez

Como Fazer um Filme de Amor
Roteiro escrito e comentado por Luiz Moura e José Roberto Torero

Críticas de Edmar Pereira – Razão e Sensibilidade
Org. Luiz Carlos Merten

Críticas de Jairo Ferreira – Críticas de Invenção: Os Anos do São Paulo Shimbun
Org. Alessandro Gamo

Críticas de Luiz Geraldo de Miranda Leão – Analisando Cinema: Críticas de LG
Org. Aurora Miranda Leão

Críticas de Rubem Biáfora – A Coragem de Ser
Org. Carlos M. Motta e José Júlio Spiewak

De Passagem
Roteiro de Cláudio Yosida e Direção de Ricardo Elias

Desmundo
Roteiro de Alain Fresnot, Anna Muylaert e Sabina Anzuategui

Djalma Limongi Batista – Livre Pensador
Marcel Nadale

Dogma Feijoada: O Cinema Negro Brasileiro
Jeferson De

Dois Córregos
Roteiro de Carlos Reichenbach

A Dona da História
Roteiro de João Falcão, João Emanuel Carneiro e Daniel Filho

Os 12 Trabalhos
Roteiro de Claudio Yosida e Ricardo Elias

Estômago
Roteiro de Lusa Silvestre, Marcos Jorge e Cláudia da Natividade

Fernando Meirelles – Biografia Prematura
Maria do Rosário Caetano

Fim da Linha
Roteiro de Gustavo Steinberg e Guilherme Werneck; Storyboard de Fabio Moon e Gabriel Bá

Fome de Bola – Cinema e Futebol no Brasil
Luiz Zanin Oricchio

Guilherme de Almeida Prado – Um Cineasta Cinéfilo
Luiz Zanin Oricchio

Helvécio Ratton – O Cinema Além das Montanhas
Pablo Villaça

O Homem que Virou Suco
Roteiro de João Batista de Andrade, organização de Ariane Abdallah e Newton Cannito

João Batista de Andrade – Alguma Solidão e Muitas Histórias
Maria do Rosário Caetano

Jorge Bodanzky – O Homem com a Câmera
Carlos Alberto Mattos

José Carlos Burle – Drama na Chanchada
Máximo Barro

Liberdade de Imprensa – O Cinema de Intervenção
Renata Fortes e João Batista de Andrade

Luiz Carlos Lacerda – Prazer & Cinema
Alfredo Sternheim

Maurice Capovilla – A Imagem Crítica
Carlos Alberto Mattos

Não por Acaso
Roteiro de Philippe Barcinski, Fabiana Werneck Barcinski e Eugênio Puppo

Narradores de Javé
Roteiro de Eliane Caffé e Luís Alberto de Abreu

Onde Andará Dulce Veiga
Roteiro de Guilherme de Almeida Prado

Pedro Jorge de Castro – O Calor da Tela
Rogério Menezes

Quanto Vale ou É por Quilo
Roteiro de Eduardo Benaim, Newton Cannito e Sergio Bianchi

Ricardo Pinto e Silva – Rir ou Chorar
Rodrigo Capella

Rodolfo Nanni – Um Realizador Persistente
Neusa Barbosa

O Signo da Cidade
Roteiro de Bruna Lombardi

Ugo Giorgetti – O Sonho Intacto
Rosane Pavam

Viva-Voz
Roteiro de Márcio Alemão

Zuzu Angel
Roteiro de Marcos Bernstein e Sergio Rezende

Série Crônicas

Crônicas de Maria Lúcia Dahl – O Quebra-cabeças
Maria Lúcia Dahl

Série Cinema

Bastidores – Um Outro Lado do Cinema
Elaine Guerini

Série Ciência & Tecnologia

Cinema Digital – Um Novo Começo?
Luiz Gonzaga Assis de Luca

Série Dança

Rodrigo Pederneiras e o Grupo Corpo – Dança Universal
Sérgio Rodrigo Reis

Série Teatro Brasil

Alcides Nogueira – Alma de Cetim
Tuna Dwek

Antenor Pimenta – Circo e Poesia
Danielle Pimenta

Cia de Teatro Os Satyros – Um Palco Visceral
Alberto Guzik

Críticas de Clóvis Garcia – A Crítica Como Ofício
Org. Carmelinda Guimarães

Críticas de Maria Lucia Candeias – Duas Tábuas e Uma Paixão
Org. José Simões de Almeida Júnior

João Bethencourt – O Locatário da Comédia
Rodrigo Murat

Leilah Assumpção – A Consciência da Mulher
Eliana Pace

Luís Alberto de Abreu – Até a Última Sílaba
Adélia Nicolete

Maurice Vaneau – Artista Múltiplo
Leila Corrêa

Renata Palottini – Cumprimenta e Pede Passagem
Rita Ribeiro Guimarães

Teatro Brasileiro de Comédia – Eu Vivi o TBC
Nydia Licia

Série Perfil

David Cardoso – Persistência e Paixão
Alfredo Sternheim

Denise Del Vecchio – Memórias da Lua
Tuna Dwek

Emiliano Queiroz – Na Sobremesa da Vida
Maria Leticia

Etty Fraser – Virada Pra Lua
Vilmar Ledesma

Gianfrancesco Guarnieri – Um Grito Solto no Ar
Sérgio Roveri

Glauco Mirko Laurelli – Um Artesão do Cinema
Maria Angela de Jesus

Ilka Soares – A Bela da Tela
Wagner de Assis

Irene Ravache – Caçadora de Emoções
Tania Carvalho

Irene Stefania – Arte e Psicoterapia
Germano Pereira

John Herbert – Um Gentleman no Palco e na Vida
Neusa Barbosa

José Dumont – Do Cordel às Telas
Klecius Henrique

Leonardo Villar – Garra e Paixão
Nydia Licia

Lília Cabral – Descobrindo Lília Cabral
Analu Ribeiro

Marcos Caruso – Um Obstinado
Eliana Rocha

Maria Adelaide Amaral – A Emoção Libertária
Tuna Dwek

Marisa Prado – A Estrela, o Mistério
Luiz Carlos Lisboa

Miriam Mehler – Sensibilidade e Paixão
Vilmar Ledesma

Nicette Bruno e Paulo Goulart – Tudo em Família
Elaine Guerrini

Niza de Castro Tank – Niza, Apesar das Outras
Sara Lopes

Paulo Betti – Na Carreira de um Sonhador
Teté Ribeiro

Paulo José – Memórias Substantivas
Tania Carvalho

Pedro Paulo Rangel – O Samba e o Fado
Tania Carvalho

Reginaldo Faria – O Solo de Um Inquieto
Wagner de Assis

Renata Fronzi – Chorar de Rir
Wagner de Assis

Renato Borghi – Borghi em Revista
Élcio Nogueira Seixas

Renato Consorte – Contestador por Índole
Eliana Pace

Rolando Boldrin – Palco Brasil
Ieda de Abreu

Rosamaria Murtinho – Simples Magia
Tania Carvalho

Rubens de Falco – Um Internacional Ator Brasileiro
Nydia Licia

Ruth de Souza – Estrela Negra
Maria Ângela de Jesus

Sérgio Hingst – Um Ator de Cinema
Máximo Barro

Sérgio Viotti – O Cavalheiro das Artes
Nilu Lebert

Silvio de Abreu – Um Homem de Sorte
Vilmar Ledesma

Sonia Maria Dorce – A Queridinha do meu Bairro
Sonia Maria Dorce Armonia

Sonia Oiticica – Uma Atriz Rodrigueana?
Maria Thereza Vargas

Suely Franco – A Alegria de Representar
Alfredo Sternheim

Tatiana Belinky – ... E Quem Quiser Que Conte Outra
Sérgio Roveri

Tony Ramos – No Tempo da Delicadeza
Tania Carvalho

Vera Holtz – O Gosto da Vera
Analu Ribeiro

Walderez de Barros – Voz e Silêncios
Rogério Menezes

Zezé Motta – Muito Prazer
Rodrigo Murat

Especial

Agildo Ribeiro – O Capitão do Riso
Wagner de Assis

Beatriz Segall – Além das Aparências
Nilu Lebert

Carlos Zara – Paixão em Quatro Atos
Tania Carvalho

Cinema da Boca – Dicionário de Diretores
Alfredo Sternheim

Dina Sfat – Retratos de uma Guerreira
Antonio Gilberto

Eva Todor – O Teatro de Minha Vida
Maria Angela de Jesus

Eva Wilma – Arte e Vida
Edla van Steen

Gloria in Excelsior – Ascensão, Apogeu e Queda do Maior Sucesso da Televisão Brasileira
Álvaro Moya

Lembranças de Hollywood
Dulce Damasceno de Britto, organizado por Alfredo Sternheim

Maria Della Costa – Seu Teatro, Sua Vida
Warde Marx

Ney Latorraca – Uma Celebração
Tania Carvalho

Raul Cortez – Sem Medo de se Expor
Nydia Licia

Rede Manchete – Aconteceu, Virou História
Elmo Francfort

Sérgio Cardoso – Imagens de Sua Arte
Nydia Licia

TV Tupi – Uma Linda História de Amor
Vida Alves

Victor Berbara – O Homem das Mil Faces
Tania Carvalho

Formato: 12 x 18 cm

Tipologia: Frutiger

Papel miolo: Offset LD 90 g/m²

Papel capa: Triplex 250 g/m²

Número de páginas: 232

Editoração, CTP, impressão e acabamento:
Imprensa Oficial do Estado de São Paulo

Coleção Aplauso Série Perfil

Coordenador Geral	Rubens Ewald Filho
Coordenador Operacional e Pesquisa Iconográfica	Marcelo Pestana
Projeto Gráfico	Carlos Cirne
Editor Assistente	Felipe Goulart
Assistente	Edson Silvério Lemos
Editoração	Aline Navarro dos Santos
	Selma Brisolla
Tratamento de Imagens	José Carlos da Silva
Revisão	Dante Pascoal Corradini

Dados Internacionais de Catalogação na Publicação
Biblioteca da Imprensa Oficial do Estado de São Paulo

Sternheim, Alfredo
Arllete Montenegro: fé, amor e emoção / Alfredo Sternheim – São Paulo : Imprensa Oficial do Estado de São Paulo, 2008.
232p. : il. – (Coleção aplauso. Série perfil / Coordenador geral Rubens Ewald Filho)

ISBN 978-85-7060-640-2

1. Atores e atrizes cinematográficos – Brasil – Biografia 2. Atores e atrizes de teatro – Brasil – Biografia 3. Atores e atrizes de televisão – Brasil – Biografia 4. Montenegro, Arllete I. Ewald Filho, Rubens II. Título III. Série

CDD 791.092

Índices para catálogo sistemático:
1. Atores brasileiros : Biografia 791.092

Foi feito o depósito legal na Biblioteca Nacional
(Lei nº 10.994, de 14/12/2004)

Imprensa Oficial do Estado de São Paulo
Rua da Mooca, 1921 Mooca
03103-902 São Paulo SP
www.imprensaoficial.com.br/livraria
livros@imprensaoficial.com.br
Grande São Paulo SAC 11 5013 5108 | 5109
Demais localidades 0800 0123 401

editoração, ctp, impressão e acabamento

imprensaoficial

Rua da Mooca, 1921 São Paulo SP
Fones: 2799-9800 - 0800 0123401
www.imprensaoficial.com.br